세계 1% 백만장자들에게 직접 배운 부의 연금술

# THE RICH

# 더 리치

—— 키스 캐머런 스미스 지음 | 신솔잎 옮김 ——

비즈니스북스

옮긴이 **신솔잎**

바른번역 에이전시에서 근무했고, 숙명여대에서 테솔 수료 후 영어 강사로 활동했다. 다양한 외국어를 접하며 느꼈던 언어의 섬세함을 글로 옮기기 위해 늘 노력한다. 역서로는 《반대의 놀라운 힘》, 《사이드 프로젝트 100》, 《최강의 인생》, 《유튜브 레볼루션》, 《나는 직원 없이도 10억 번다》, 《무엇이 성과를 이끄는가》(공역) 등이 있다.

**더 리치**

1판 1쇄 발행   2020년 6월 17일
1판 7쇄 발행   2023년 3월 15일

**지은이** | 키스 캐머런 스미스
**옮긴이** | 신솔잎
**발행인** | 홍영태
**발행처** | (주)비즈니스북스
**등   록** | 제2000-000225호(2000년 2월 28일)
**주   소** | 03991 서울시 마포구 월드컵북로6길 3 이노베이스빌딩 7층
**전   화** | (02)338-9449
**팩   스** | (02)338-6543
**대표메일** | bb@businessbooks.co.kr
**홈페이지** | http://www.businessbooks.co.kr
**블로그** | http://blog.naver.com/biz_books
**페이스북** | thebizbooks
**ISBN**  979-11-6254-149-4   03190

* 잘못된 책은 구입하신 서점에서 바꾸어 드립니다.
* 책값은 뒤표지에 있습니다.
* 비즈니스북스에 대한 더 많은 정보가 필요하신 분은 홈페이지를 방문해 주시기 바랍니다.

비즈니스북스는 독자 여러분의 소중한 아이디어와 원고 투고를 기다리고 있습니다.
원고가 있으신 분은 ms1@businessbooks.co.kr로 간단한 개요와 취지, 연락처 등을 보내 주세요.

더 리치

The Top 10 Distinctions between Millionaires and the Middle Class
by Keith Cameron Smith
Originally Published by Ballantine Books, an imprint of Random House,
a division of Penguin Random House LLC, New York

# 세상은 당신이
# 부자가 되길 응원한다

《더 리치》를 펼친 당신은 운이 좋다. 세계 1% 부자들의 지혜와 노하우를 핵심만 압축해서 들을 수 있는 기회는 흔치 않기 때문이다.

이 책의 목표는 다음 질문에 대한 실질적이고 검증된 전략과 기술을 알려주는 것이다.

"경제적 면뿐 아니라, 삶의 모든 면에서 장기적으로 성공하기 위해서 어떻게 해야 할까?"

저자 키스 캐머런 스미스는 이 질문에 대한 답을 찾고 즉각 실행하며 살아온 사업가다. 그리고 저자는 수년에 걸쳐

전 세계 1퍼센트의 부자들을 직접 만나 부와 성공의 비결을 배웠다. 그들의 가르침과 자신이 사업을 하며 얻은 깨달음을 '열 가지 연금술'이라 이름 짓고 한 권의 책으로 정리했다. 이 부의 연금술들을 잘 이해한다면 누구는 부자가 되고 누구는 그렇지 못한가에 대한 깊은 이해와 통찰을 얻을 것이다.

이 책에서 가장 나의 마음을 두드린 문장은 이것이다.

"세상에는 세 부류의 사람이 있다. 대단한 일을 해내는 사람, 이를 지켜보는 사람, 벌어진 일에 대해 이야기하는 사람이다."

그렇다면 어떻게 새로운 것을 만들고 위대한 일을 해낼 수 있을까? 이 질문에 대한 답으로 내가 유튜브를 시작했을 때의 이야기를 해볼까 한다. 2014년, 내 마음에는 불꽃이 일어났다. 주부가 유튜브를 잘할 거라는 179만 구독자의 크리에이터 대도서관의 인터뷰를 본 다음부터였다. 나는 캐나다에서 유학 생활을 하며 해외 유튜버들의 성장을 지켜보다 한국에 왔기에 분명 한국에도 곧 유튜브 열풍이 불 것이라 믿었다.

그 뒤 유튜브로 성공한 사람이라면 요리, 뷰티, 게임, 교육 등 장르를 가리지 않고 찾아 들었다. 유튜브에 대한 정보를 얻기 위해 관련 책은 모두 읽고 한국 유튜브 관계자들의 인터뷰와 SNS까지 섭렵했다. 유튜버가 될 기회를 노리다 5일간 유튜브에 동영상 올리는 법을 배운 뒤 2015년부터 내 채널을 시작했다.

이후 깨어 있는 모든 시간 동안 내 유튜브 채널의 정체성을 고민했다. 유튜브에서 인기 있는 콘텐츠인 뷰티, 먹방, ASMR, 요리, 게임 중 내가 할 수 있는 건 뭘까? 그러다 내가 가장 잘할 수 있는 새로운 아이템을 떠올렸다.

'책을 통해 좋은 이야기를 들려주는 방송은 어떨까? 내가 평생 해왔던 일인데, 이게 내가 좋아하면서 잘하는 일이잖아! 밥 먹을 돈은 아껴도 책은 늘 사왔으니 콘텐츠 모자랄 일도 없고, 집에서 작게 시작하면 되니까 망해도 큰 손해는 없을 테고. 좋아, 일단 시작하자. 3년간 해보고도 수익이 하나도 없으면 그때 가서 그만두자. 그전까진 할 수 있는 건 다 해보는 거야.'

2015년 한국 유튜브엔 교육적인 채널이 거의 없었다. 구독자가 10만 명이 넘는 북튜버(book+youtuber의 합성어)는 전 세계를 뒤져도 몇 없었다. 그런 건 신경 쓰지 않았다. 일단 시작하는 게 중요했다. 한국 최초로 엄마 북튜버가 탄생한 순간이었다. 아이들을 기르며 일주일에 3~5편씩 꾸준히 영상을 올렸다. 그렇게 애써도 1년 반 동안 수익은 전혀 없었지만 멈추지 않았다.

"백만장자는 '무엇을 했다'고 말하지만 보통 사람들은 '무언가를 했어야 했다'고 말한다."

이 책에서 말하듯 나 역시 '무언가를 해냈다'고 말하고 싶었다. 사람들이 도전을 망설이는 이유가 두려움 때문이라고 한다. 나에겐 '무언가를 했어야 했다'고 후회하는 것이 곧 두려움이었다. 더 이상 그런 내가 되고 싶지 않았다.

어찌나 절실했던지 9세, 6세, 25개월, 10개월 네 아이를 재우고 잠시 곯아떨어졌다가도 새벽 3~4시만 되면 저절로 눈이 떠졌다. 좋은 책을 선정하고 그 안에서 가장 전해주고 싶은 내용을 골라 나만의 표현으로 바꿔 양질의 스토리텔링으로 재해석했다. 초창기엔 거리감을 없애려 말투와 목소리 톤을 바꾸고 동네 이웃처럼 편안한 의상과 분위기로 영상을 찍었다. 그런 시간이 쌓이고 쌓여 영상이 1,200개가 넘었다. 그렇게 5년 후 김새해 유튜브 채널의 구독자는 19만

명을 넘어섰고, 누적 시청시간 6억 7,000만 분, 누적 조회수 4,600만 뷰라는 기록을 달성했다. '왜 나에게 딱 맞는 유튜브 채널은 없지?' 하며 불평했던 것을 내가 도달할 목표로 만들고, 그것을 이루기 위해 내가 무엇을 해야 하는지에 집중해서 얻은 결실이었다.

"왜 어떤 사람은 부자가 되고, 어떤 사람은 보통의 삶을 사는가?"

삶의 모든 측면은 긴밀히 연결되어 있다. 작은 생각의 변화가 행동의 변화를 만들고, 행동의 변화는 내 안에 잠든 부의 잠재력을 깨워 삶의 모든 면을 성장시키며, 결국 나를 재정적 성공으로 이끈다. 당신이 《더 리치》를 통해 두려움을 내려놓고 더 많은 도전을 하도록 돕는 열 가지 연금술을 배워간다면 훨씬 수월하게 부의 잠재력을 깨워 원하는 목표에 도달할 것이라 믿는다. 기억하라. 세상은 당신이 부자가 되길 바라고 있다. 세상은 당신의 도전을 응원하며 도와주기 위한 만반의 준비를 갖추고 있다.

이 책을 읽으면서 나의 과거를 되돌아볼 수 있었고, 빛나는 미래를 꿈꾸며 다시 한 번 마음가짐을 다질 수 있었다.

아무리 둘러봐도 당신 곁에 가난하고 투덜거리는 사람만 가득하다면, 그래서 '상위 1퍼센트의 사람이 나에게 조언을 해준다면 얼마나 좋을까?'라는 소원을 한 번이라도 빌어봤다면? 축하한다. 이 책과의 만남이 당신의 소원이 이루어졌다는 증거다.

김새해

# 부자가 되고 싶다면
# 부자처럼 생각하라

몇 년 전 나는 인생에서 큰 성공을 이룬 사람들을 찾아다녔다. 놀랍게도 그들은 낯선 젊은이의 요청에 기꺼이 시간을 할애해주었고, 그들의 눈부신 부와 명성을 쌓는 데 도움이 되었던 삶의 태도와 신념, 아이디어를 아낌없이 가르쳐주었다. 나는 그들의 철학을 배운 후, 곧장 삶에 적용해보았다. 그러자 나 역시 놀라운 성과를 경험하기 시작했다.

나는 뛰어난 사람들에게서 얻은 가르침 외에도 나의 부족한 점을 개선하는 데 도움이 될 만한 책을 굉장히 많이 읽었다. 시대를 초월해 위대한 지혜를 얻을 수 있는 책을 읽는 것은 수없이 많은 백만장자들이 성공을 일구기 위해 실천한 중요한 비법이다.

사실 세상에는 성공하는 법을 알려주는 훌륭한 책이 이미 수만 권이나 나와 있다. 그런데 나는 왜 이 책을 써야겠다고 결심했을까?

그간 수많은 책을 읽어보니 성공과 충만한 삶을 쟁취하는 방법에 대해 책마다 전하는 방법과 견해가 조금씩 달랐다. 같은 내용을 말하더라도 이 미세한 표현의 차이로 인해 독자가 받아들이는 생각이 완전히 달라질 수 있다. 어떤 원칙을 어떻게 설명하느냐에 따라 누군가는 인생을 바꿀 통찰력을 얻고 누군가는 흘려버리고 마는 것이다. 나는 이 책이 당신에게 긍정적인 자극과 통찰력을 선사하기를 바란다.

이 책은 성공에 대해 기존 책과는 조금 다른 견해를 제시한다. 이를 위한 아이디어의 대부분은 오랜 세월 많은 스승들이 세상에 남긴 가르침이다. 여기에 이제껏 어디에서도 본 적도, 들은 적도 없는 중요한 개념을 더했다. 내가 백만장자가 되기까지 성공과 실패를 거듭하며 깨달은 교훈을 담았기에 공감하며 읽을 수 있으리라 확신한다.

종종 이 책을 집필하는 데 얼마나 걸렸느냐는 질문을 받곤

하는데 내 답을 들은 사람들은 하나같이 깜짝 놀란다.

"일주일."

나는 이 책을 단 일주일 만에 탈고했다. 집필할 당시 나는 영감이 충만한 상태였다. 스모키산맥Smoky Mountains에 있는 작은 오두막에서 쓸 내용을 미리 기록하거나 정리하는 과정 없이 바로 글을 쓰기 시작했다.

내가 어떻게 변화하고 성장했는지를 있는 그대로 담아냈다. 물론 몇 년간 성공에 대해 연구하고, 기업인으로서 치열하게 고민하고, 살아남으려 애쓰며 많은 것을 배웠기에 가능한 일이었다.


내가 《더 리치》를 쓴 이유와 목적은 다음의 세 가지로 정리할 수 있다.

첫 번째는 '책임감'이다. 나는 인간이라면 누구나 살아가면서 발견한 '좋은 결과를 이끌어내는 비법'을 공유해야 할 책임이 있다고 믿는다. 그래서 시급 5달러로 시작해 서른셋에 경제적 자유를 얻었을 때 내가 배운 부의 비결과 생각을 많은 이들과 나누고 싶었다.

그렇다고 내가 특별한 법칙을 알려주는 것은 아니다. 그저 내가 매일 실천해온 일을 기록했을 뿐이다. 특히 책을 집필하는 데 기반이 된 '백만장자가 보통 사람과 다른 열 가지 차이'는 내가 직접 느끼고 경험하며 체득한 것들이다.

이 책을 쓰기로 결심한 두 번째 이유는 바로 '목적의식'이다. 누구나 세상에 태어나 살아가면서 이뤄내고 싶은 소명이 있을 것이다. 바로 이 책이 나에게 주어진 소명이었다. 사람들에게 성공의 법칙을 전해줄 때마다, 나로 인해 긍정적인 결과를 이뤄냈다는 이야기를 들을 때마다 강한 목적의식을 느꼈다.

마지막 세 번째 이유는 이 책이 다음 세대에게 전해질 '유산'이 되길 바라서다. 여기 소개한 부의 법칙들은 내 아이들이 세상을 살아가며 꼭 명심하길 바라는 것들이다. 내가 죽은 후에도 아이들이 이 책을 읽으며 내가 했던 이야기를 기억하고 실천하길 바란다.

내가 읽은 책 중에는 몇십 년 전에, 심지어 몇백 년 전에 집필된 책도 있다. 어쩌면 이 책도 수백 년이 지나서 읽히

게 될지도 모른다. 세월이 흘러도 변치 않을 이 법칙들은 오늘날과 마찬가지로 백 년 후에도 여전히 통용될 것이다. 지금 내가 느끼는 책임감, 목적의식 그리고 유산을 남기고 싶은 바람을 담아 내가 발견한 중요한 부의 연금술들을 백만장자가 되고 싶은 사람들과 함께 공유하고 싶다.

키스 캐머런 스미스

이 책은 엄청난 성공을 경험한 이들을 직접 만나서 얻은 깨달음과 기업인으로서 나의 실제 경험을 바탕으로 얻은 열 가지 '부의 연금술'을 소개하고 있다. 나는 이 열 가지 법칙을 중요도에 따라 역순으로 배치했다.

제일 먼저 소개한 열 번째 연금술(길게 생각하고 미래를 설계하라)은 자신이 정한 목표를 이뤄내기 위한 중요한 '시작점'이다. 자신이 원하는 것에 대해 생각해보는 계기가 되리라 생각한다. 많은 사람이 자신이 진정으로 원하는 것이 아니라 원치 않는 것에 집중하느라 제대로 목표를 세우지 못

16

한다.

아홉 번째 연금술부터 두 번째 연금술까지는 이 책을 읽는 독자의 상황에 따라 중요도가 달라질 수 있다. 이를테면, 현재 당신이 처한 현실에 따라 세 번째 연금술보다 일곱 번째 연금술을 더 중요하게 느낄 수 있다는 말이다. 따라서 당신에게 가장 와닿는 것을 가슴 깊이 새기고 그 교훈을 받아들이면 된다.

책에 나온 내용을 자신의 삶에 하나씩 적용하다 보면 첫 번째 연금술(잠재력을 깨우는 질문을 하라)이 평생에 걸쳐 가장 가슴 깊이 새기며 실천해야 할 법칙이라는 것을 깨닫게 될 것이다. 성공이란 우리가 닿고자 하는 목적지일 뿐 아니라 여정임을, 그리고 그 길은 당신이 직접 만들어 나갈 수 있다는 점을 명심하길 바란다.

차례

◆ 열 번째 연금술 ◆

# 길게 생각하고 미래를 설계하라

◆ 아홉 번째 연금술 ◆

# 아이디어를 자주 이야기하라

# THE RICH

# 길게
# 생각하고
# 미래를
# 설계하라

## DISTINCTION 10

백만장자는 장기적인 관점으로 생각하고
보통 사람은 눈앞의 일만 생각한다

우리 사회를 구성하고 있는 사람들을 소득 기준으로 구분해보면 크게 다섯 부류로 나눌 수 있다. 극빈층, 저소득층, 중산층, 고소득층, 초고소득층이다. 이들은 각각 돈에 대한 개념이 다르다. 먼저 극빈층은 하루하루를 생존하는 데 집중한다. 저소득층은 일주일을 어떻게 버틸지를, 중산층은 한 달을 기준으로 생각한다. 고소득층은 1년을 어떻게 살지를 계획하고, 초고소득층은 10년 단위로 삶의 계획을 세운다.

이 다섯 부류의 계층은 세 가지 서로 다른 목표를 갖고 있다. 극빈층과 저소득층의 가장 중요한 목표는 '생존'이다. 중산층은 다음달 생계비를 걱정하지 않을 '안정적인 삶'을 추구하며, 고소득층과 초고소득층의 목표는 '경제적 자유'다.

극빈층과 저소득층, 중산층이 생존과 안정적인 삶을 목표로 삼는 이유는 돈에 대한 인식 때문이다. 이들은 모든 사람들이 충분히 누릴 수 있을 만큼의 부는 존재하지 않는다고 믿는다. 그에 반해 고소득층과 초고소득층은 진실을 알고 있다. 세상 사람들 모두가 풍족하게 누릴 수 있을 정도의 부가 존재한다는 사실 말이다.

# 짧은 미래를
# 그릴수록
# 수익은 적어진다

The Longer You Can
Stretch Your Thinking
into the Future,
The Richer
You Will Become

당신은 돈에 대해 어떤 생각을 가지고 있는가? 돈에 대해 어떤 관념을 갖고 있는지가 앞으로 당신이 얼마만큼의 부를 축적할 수 있느냐를 결정한다. 돈은 늘 불공평하게 주어지는 부족한 것이라고 생각한다면 당신은 그저 먹고살아갈 정도의, 혹은 적당히 안락하게 살 수 있을 정도의 돈만 벌 것이다. 반면 돈이란 내가 추구하는 만큼 얻을 수 있는 풍족한 것이라고 생각한다면 당신은 경제적 자유를 목표로 나아갈 수 있다. 돈에서만큼은 '두드려라, 그리하면 열릴 것이다'라는 오래된 구절이 옳은 셈이다.

실제로 돈은 당신이 원하는 만큼 가질 수 있을 것이다. 생존을 목표로 한다면 생존은 가능할 것이다. 안정적이고 안락한 삶을 바란다면 그럴 수 있을 것이다. 그리고 경제적으로 자유로운 삶을 원한다면 당신은 그런 삶을 누릴 수 있을 것이다.

이제 앞에서 말한 다섯 부류의 사회 계층을 조금 더 깊이 살펴보도록 하자.

극빈층처럼 하루하루에 급급해 사는 사람은 일용직이거나 길에서 구걸하는 사람들이다. 이들은 보통 1년에 1만 달러(약 1,200만 원)를 번다. 저소득층처럼 주 단위로 생각하는 사람은 그때그때 들어오는 수입으로 간신히 생활을 유지한다. 이들의 1년 수입은 1만 달러에서 2만 5,000달러 선이다. 한 달을 기준으로 삼는 중산층의 경우 대출금, 자동차 할부금, 신용카드 대금 등 매달 고정적으로 나가는 비용을 걱정한다. 이들은 보통 1년에 2만 5,000달러에서 10만 달러를 번다.

1년을 내다보고 계획하는 고소득층부터 재정적인 책임, 경제 관념, 투자에 대해 배우기 시작한다. 이들의 연수입은 보통 10만 달러에서 50만 달러다. 초고소득층처럼 10년을 내다보는 사람들은 먼 미래를 구상하고 예측해 비즈니스 계획을 세워둔다. 합법적으로 세금을 줄여 더 많은 돈이 스스로 증식하도록 다양한 방안을 마련하고, 평생에 걸쳐 일군 자산을 나라에 빼앗기지 않고 다음 세대에게 무사히 넘겨줄 수 있는 방법을 배운다. 이 부류에 속한 대다수의 사람들은 1년에 50만 달러 이상을 버는데 연수익으로 최소 100만 달러를 꾸준히 달성하는 사람들도 있다.

이처럼 당장 눈앞의 일을 해결하는 데 급급해하지 않고 먼 미래를 내다보는 장기적인 사고방식에는 강력한 힘이 있다.

장기적으로 생각하고
계획하는 데는
인내심이 필요하다.
인내심은 백만장자의
또 다른 자산이며,
조급함은 보통 사람이
시달리는 부채다.

# 10년의 부를
# 설계하라

Design
10 Years of Wealth

멀리 내다볼수록 더 많은 돈을 벌 수 있다. 개인적으로 알고 지내는 부자들의 대다수가 적어도 10년 이후를 내다보는 비즈니스 계획을 갖고 있다. 실제로 나 역시 1년 단위로 생각하고 계획을 세운 첫해부터 수입이 늘었다. 당시에는 자주 스스로에게 이런 질문을 하곤 했다.

올해 수익을 두 배로 늘리려면 어떻게 해야 할까?
올해 낼 세금을 합법적으로 줄일 수 있는 방법은 무엇일까?

내가 만난 멘토들이 장기적인 사고방식으로 먼 미래까지 계획하고 사는 것을 보며 나의 미래도 조금 더 넓게 그려야 한다는 생각이 들었다. 현재 나는 향후 20년의 비즈니스 계획을 세워두었다. 앞으로 5년 후, 10년 후, 20년 후의 내 삶이 어떤 모습이길 바라는지 스스로 끊임없이 묻는다. 그리고 목표를 이루기 위해 어떻게 해야 하는지 계획을 세운다.

10년 후 당신의 삶이 어떻게 펼쳐지길 바라는가? 지금부터라도 깊이 생각해보고 계획을 세워야 한다. 장기적으로 생가하고 계획하는 데는 인내심이 필요하다. 인내심은 성제적 자유를 위한 최고의 자산이다. 보통 사람들은 조급해하며 한순간의 만족감을 좇는다. 나 또한 오랜 기간 동안 그렇게 살았다. 사고 싶거나 원하는 게 생기면 신용카드로 우선 긁고 나중에 카드 대금을 지불했다. 하지만 이제는 아무리 갖고 싶은 것이 있어도 자제할 줄 안다. 나의 궁극적인 목표는 당장의 안락함이 아니라 경제적으로 자유로운 삶이기 때문이다.

고소득층과 초고소득층 사람들은 이렇듯 당장의 만족감에 흔들리지 않고 자제하는 법을 알고 있다. 부자들은 보통 사람들이 오늘 하지 않는 것을 하는 덕분에 내일 다른 이들에게는 주어지지 않는 무언가를 누릴 수 있다. 눈앞의 일만 내다보는 사람은 결코 금전적인 자유를 누릴 수 없다. 고소득층과 초고소득층 사람들은 부를 점점 더 확장해 인생을 자신의 뜻대로 통제하고 누리고 싶어 한다.

극빈층, 저소득층, 중산층은 자신의 삶을 타인에게 맡겨버린다. 역설적이게도 이들 삶의 주도권을 쥔 이들이 바로 고소득층과 초고소득층이다. 백만장자는 지금 당장의 안정감이나 편안함보다 경제적 자유를 중요시한다. 그러나 아이러니하게도 그렇기 때문에 경제적 자유와 더불어 안정적인 삶 모두를 거머쥘 수 있다. 보통 사람들은 경제적인 자유보다 지금 당장의 만족감과 안락함을 우선시하기 때문에 오히려 경제적인 속박에서 벗어나지 못하고 매달 쫓기며 살아간다.

# 경제적 자유를 넘어 정서적인 부자가 돼라

Focus on
Becoming
Rich Emotionally

장기적으로 생각하라는 법칙은 비단 재정적인 측면뿐만 아니라 삶 곳곳에 적용해야 한다는 것을 명심하자. 인간관계도 장기적으로 내다보는 것이 좋다. 다른 사람과의 관계를 장기적인 관점에서 생각하면 상대방을 더 존중하고 서로가 윈윈할 수 있는 방법을 찾게 된다. 만약 인간관계를 단기적으로 바라본다면 상대방이 내게 어떤 이득을 가져올지에만 초점을 맞추어 결국 상대방을 자신의 목표를 달성하는 데 필요한 도구로 바라보게 된다. 자신의 이득을 위해서 타인을 이용한다면 노년에 이르러서는 진정한 친구도 없이 외로운 처지가 될 게 분명하다.

백만장자는 장기적인 관점에서 관계를 형성하고 신뢰를 쌓아가는데 이는 재정적인 면에서도 큰 도움이 된다. 이들은 늘 가족, 친구, 고객을 위해 어떤 선택이 최선이며 할 수 있는 게 무엇인지 고민한다. 인생의 끝자락에 다다를 무렵, 당신을 진정으로 부유하게 만드는 것은 그간 쌓아온 인간관계다. 사랑하는 사람들과 더욱 깊고 탄탄한 관계를 형성하기 위해 어떻게 해야 하는지 주기적으로 자문해봐야 한다.

경제적으로 가난한 사람이 있듯 정서적으로 가난한 사람이 있다. 타인을 사랑하거나 용시하는 법을 모르는 사람,

삶의 모든 측면은
긴밀히 연결되어 있다.
각각의 분야에서 장기적으로
사고하는 법을 익혀야
삶이 전반적으로 향상된다.

가진 것을 나누거나 베풀지 않는 사람, 불친절하고 인내심이 없으며 쉽게 화를 내는 사람은 정서적으로 아주 빈곤하다. 우리는 재정적인 측면뿐 아니라 정서적으로도 부유해지기 위해 노력해야 한다.

깊이 있는 인간관계는 살아가는 데 큰 의미를 가지며 성공 그 이상의 가치를 가지고 있다. 삶을 더 풍요롭게 만드는 충만한 인간관계를 배제하고 재정적인 성공만 달성하는 것은 의미가 없다. 정서적인 측면에서도 장기적인 안목으로 멀리 볼 줄 알아야 한다.

건강도 마찬가지로 장기적인 관점으로 관리해야 한다. 그래야 시간을 내어 운동을 하고 건강한 음식을 먹기 위해 노력하게 된다. 건강을 장기적으로 생각하지 않는다면 운동은 뒷전으로 미루고 당장의 만족감을 위해 정크 푸드를 지나치게 많이 섭취하거나 제대로 챙겨 먹지 않을 것이다. 이런 생활을 이어간다면 체중이 급격히 늘거나 줄어들 수 있고, 어느 쪽이든 영양소 불균형으로 인해 일상생활에 어려움을 겪는다. 장기적인 관점에서 건강을 생각해야 몸과 마음에 좋은 에너지가 쌓이고, 이 에너지는 결국 재정적 성공으로 이어진다.

정신 건강 또한 마찬가지다. 어떤 생각을 하면서 살고 싶은가? 당신에게 영감을 주는 주제가 있는가? 어떤 생각을 할 때 집중력이 가장 잘 발휘되는가?

짜릿한 흥분과 영감을 일깨우는 생각을 자주 하는 사람들은 놀라울 정도로 마음의 평온함을 잘 유지한다. 정신적으로 궁핍한 사람들은 불평불만을 입에 달고 살며 자신이 싫어하는 일에 얽매여 에너지를 낭비한다. 그래서 마음이 피폐한 사람들은 굉장한 스트레스에 시달리며 살아가는 것이다.

마음의 평온을 바라는가? 그렇다면 정신 건강도 장기적인 관점으로 접근해야 한다. 가장 좋은 방법은 당신이 좋아하는 일에 에너지를 쏟는 것이다. 그리고 당신이 영감을 얻고 흥미를 갖는 분야에 삶을 집중하라. 생각만으로도 즐거운 일을 하며 돈을 벌 수 있는 방법을 찾을 수 있을 것이다.

수많은 백만장자들의 비밀이 바로 이것이다. 그들은 자신이 하고 싶은 일을 하며 돈을 번다.

이것이 정신적으로도 재정적으로도 부유해지는 비법이다. 경제적인 면뿐만 아니라 삶의 모든 면에서 장기적으로 생각하고 계획하는 습관을 들여야 하는 이유이기도 하다.

# 장기적인
# 사고방식에는
# 강력한
# 힘이 있다

There Is Power
in Long-term Thinking

저소득층에서 중산층으로, 중산층에서 고소득층으로 혹은 고소득층에서 초고소득층으로 성장하기 위해서는 미래지향적으로 생각하고 계획해야 한다.

먼저 장기적인 목표를 세워보라. 사람들은 1년 목표는 원대하게 잡으면서 10년 목표는 너무 낮게 세우는 경향이 있다. 장기적인 목표가 있는 것만으로도 끝까지 해낼 수 있는 끈기를 얻을 수 있다. 그중에서도 일찍 자신의 목표를 이룬 사람들은 힘든 시기를 끈기 있게 버텨낸 사람들이다. 이를 위해서는 '무슨 수를 써서라도 반드시 해내겠다'는 마음가짐이 필요하다.

먼 미래를 내다보는 장기적인 사고방식에는 강력한 힘이 있다. 장기적인 관점으로 생각하는 습관을 기르면 당신도 분명 부자가 될 수 있다.

보통 사람들은 계획한 대로 잘 진행이 되지 않거나 예상치 못한 시련이 찾아오면 심한 압박감에 쉽게 포기하고 만다. 지금 당장의 안락함을 중요시하기 때문에 삶이 힘겨울

때 끈기를 발휘하지 못한다.

하지만 백만장자는 어떤 어려움이 닥쳐와도 자신의 한계를 뛰어넘어 조금씩 나아간다. 그들은 자신이 세운 목표를 이루기 위해서라면 무슨 일이든 할 준비가 되어 있다. 장기적인 관점으로 생각하고 미래를 설계하기 때문에 완전한 경제적 자유를 얻을 때까지 포기하지 않고 계속 나아갈 수 있는 것이다.

## • 백만장자의 특별한 질문 •

Q1. 앞서 말한 다섯 부류의 사람 중 당신은 어디에 속하는가?

_____

_____

_____

_____

Q2. 당신의 10년 목표는 무엇인가?

_____

_____

_____

_____

Q3. 10년 후 당신이 어떤 모습일지 상상하며 지금 당장 해야 할 일을 생각해보자.

_____

_____

_____

_____

# THE RICH

# 아이디어를 자주 이야기하라

## DISTINCTION 9

백만장자는 아이디어를 이야기하고
보통 사람은 남에 대해 말한다

당신이 하는 말이 곧 당신의 미래다. 나는 당신이 하는 이야기를 단 몇 분만 들어도 당신이 현재 어떤 방향으로 나아가고 있는지 파악할 수 있다. 말에는 진심과 생각이 드러나기 때문이다.

당신은 사람들을 만날 때 어떤 이야기를 주로 하는가? 당신이 하는 말은 배의 방향키와 같다. 당신이 내뱉는 말은 당신의 삶이 어떤 방향으로 나아갈지를 결정한다.

백만장자는 항상 아이디어에 대해 이야기하고 잡다한 주제나 특히 타인에 대해서는 입에 올리지 않는다. 반면 보통 사람들은 남에 대해 이야기하는 것을 좋아하고 일상에서 벌어지는 잡다한 일들을 자주 대화 주제로 삼는다.

# 백만장자의
# 부를 부르는
# 말습관

The Secret of
Attracting Wealth.

한 사업가의 사무실에서 이런 글귀가 적힌 현판을 본 적이
있다.

대인배는 아이디어에 대해 이야기하고,
범인은 잡다한 이야기를 하며,
소인배는 남에 대해 말하기 좋아한다.

다시 한 번 새겨볼 만한 글이다. 대인배는 아이디어에 대
해 이야기하고, 범인은 잡다한 이야기를 하며, 소인배는 남
에 대해 말하기 좋아한다. 당신은 어떤 이야기를 즐겨 하는
가? 아이디어인가, 잡다한 이야기인가, 남들에 대해 이러
쿵저러쿵 말하는 것인가?

이 격언을 좀 더 깊이 살펴보면 성공한 사람들이 지닌 비
밀을 엿볼 수 있다. 백만장자 중 대다수가 창의적인 사람들
이다. 이들은 항상 새로운 아이디어에 대해 생각한다. 프로
젝트를 진행할 때도 다양한 선택지를 살피고 여러 가능성
을 고려한다.

성공하고 싶다면 지속적으로 자신의 생각을 확장해야 한

다. 모든 것이 빠르게 변화하는 세상에서 새로운 방식과 아이디어를 고민하는 것은 당연한 일이다.

백만장자들은 항상 아이디어에 대해 고민하고 이야기한다. 그리고 이를 기반으로 대단한 일을 해낸다. 반면 보통 사람들은 잡다한 이야기를 하고 타인이 대단한 일을 해내는 과정을 그저 지켜본다.

세상에는 세 부류의
사람이 있다.
대단한 일을 해내는 사람,
이를 지켜보는 사람,
벌어진 일에 대해
이야기하는 사람이다.

# 타인의 삶에
# 쉽게 현혹되는
# 이유

The Reason
Why You Are
Easily Impressed
with Others

백만장자는 자동차 회사를 소유한 사람이다. 스포츠 팀을 운영하기도 한다. 백만장자는 영화와 TV 프로그램을 제작한다. 백만장자는 음악을 만든다. 백만장자는 자신만의 휴가지를 소유하고 있다.

대부분의 사람들은 자동차, 스포츠, 엔터테인먼트, 음악, 휴가 등 백만장자의 아이디어에서 탄생한 것들에 대해 이야기한다. 그리고 백만장자의 아이디어로 만들어진 상품과 서비스에 돈을 쓴다.

엔터테인먼트 사업에 대해 조금 더 자세히 살펴보자. 보통 사람들은 할리우드 스타의 열성 팬인 경우가 많다. 이들은 스타들의 각종 가십을 즐긴다. 누가 무엇을 했는지 듣거나 보고 싶어 안달한다. 그래서 카메라를 든 파파라치가 스타들의 곁을 하이에나처럼 맴돈다.

엔터테인먼트가 무용하다는 것은 아니다. 나름의 역할이 있지만 여기에는 균형이 필요하다. 물론 백만장자도 엔터테인먼트를 즐긴다. 하지만 이에 관련한 이야기를 하는 데 시간을 낭비하지는 않는다. 사람들이 엔터테인먼트에 깊이 빠져드는 이유는 화려한 명성과 부에 쉽게 현혹되기 때문이다. 백반상사는 스타라고 불리는 사람들의 피상적이고 화려한 겉모습에 쉽게 빠져들지 않는다. 이들은 명성보다 부를 선택한다.

타인의 삶에 쉽게 매료되는 사람은 자신이 진정으로 무엇을 원하는지 잘 모르고 내면의 불안감이 높은 경향이 있다. 백만장자는 자신이 어떤 사람이고 원하는 것이 무엇인지 잘 알고 있다. 이를 명확하게 깨달을 때 마음의 안정과 성공을 거머쥘 수 있다.

백만장자는
자신이 어떤 사람인지,
무엇을 원하는지
정확하게 알고 있다.

# 아이디어는
# 미래를 위한
# 최고의 자산

Ideas Are the Most
Valuable Asset
for Your Future

경제적으로 빈곤한 이유는 정서적으로 빈곤하기 때문일 때가 많다. 타인과 좋은 관계를 맺을 수 없는 사람은 부자가 될 수 없다. 뒤에서 험담하는 것은 어리석고 무지한 행동이다. 매사 타인에 대해 부정적으로 말하는 사람은 정서적·재정적 대가를 치르게 된다.

백만장자는 타인을 존중한다. 상대방의 행동을 섣불리 의심하거나 비틀어 보지 않고 있는 그대로 보려 애쓰며 각자 자신이 처한 상황에서 최선을 다했다고 믿는다. 누구나 다른 사람에게서 부족하고 싫은 점을 발견할 때가 있다. 하지만 그런 면만 본다면 상대의 진심을 제대로 보지 못할 수도 있다. 항상 사람들에게서 좋은 점을 찾아 칭찬하려고 노력해야 한다.

백만장자는 칭찬에 후하다. 이들은 타인을 긍정적으로 바라보고 높이 평가할 때 유익한 결과가 찾아온다는 것을 잘 알고 있다. 다름을 인정하지 않고 다른 사람을 비방하는 것은 현명하지 못한 행동이다. 부정적인 태도에 매몰되어 편협한 시각에 갇히기 때문이다. 남에 대한 험담에 휘말려서도 안 된다.

부정적인 대도나 말은 부정적인 기운과 에너지를 만들고

생각보다 당신 자신에게 훨씬 더 부정적인 영향을 끼친다. 비판을 멈추고 칭찬을 시작해야 한다. 기분이 한결 좋아질 뿐 아니라 당신을 향해 기회의 문이 하나둘씩 열리기 시작할 것이다. 누구나 칭찬받기를 원한다. 내가 먼저 타인의 좋은 점을 발견하려 애쓰고 칭찬하면 다른 사람들도 당신의 좋은 점을 발견하고 당신을 돕기 위해 적극적으로 나서는 모습을 보게 될 것이다.

백만장자는 다른 사람의 위대한 아이디어에 대해 이야기한다. 훌륭한 아이디어로 부를 창출한 사람들에 대해 이야기하고 그들에게서 무엇을 배울 수 있는지 논의한다.

나는 백만장자인 친구와 각자 다른 세미나에 참석한 후 서로의 노트를 교환한다. 우리의 사업적 관심 분야에 관해 새로운 정보나 아이디어를 접할 때면 늘 공유한다. 우리가 타인에 대해 말할 때는 이들의 아이디어와 이 아이디어를 어떻게 비즈니스에 적용했는지, 어떤 성과를 창출했는지에 관한 것이다. 백만장자가 잡다한 이야기나 타인을 입에 올릴 때는 결국 아이디어에 대한 이야기를 할 때뿐이다.

백만장자들은 왜 아이디어에 대해 이야기를 나누는 것일까? 돈을 벌기 위해서는 아이디어가 필요하다는 것을 잘 알고 있기 때문이다. 보통 사람들은 돈을 벌려면 우선 돈이 있어야 한다고 생각한다. 그러나 백만장자는 진실을 알고 있다. 좋은 아이디어가 이들이 바라는 돈을 불러온다는 사실 말이다.

아이디어는 세상에서 가장 귀중한 자산이다. 위대한 아이디어를 가진 사람이 결국 위대한 부를 달성한다.

지금 당신이 보고 있는 모든 것은 사실 누군가의 아이디어에서 시작되었다. 부자가 되고 싶다면 새로운 아이디어에 대해 고민하고 생각하는 시간을 늘려야 한다. 그리고 좋은 아이디어가 떠올랐다면 성공한 사람들과 논의하는 것이 좋다.

아주 중요한 이야기다! 성공을 경험하지 못한 사람과 당신의 아이디어를 논의해서는 안 된다. 이들은 당신의 아이디어를 묵살하고 당신의 의욕을 꺾으려고 할 것이다.

백만장자는 다른 백만장자들과 아이디어를 이야기한다. 이들은 절대 편협한 사고방식을 지닌 사람들과 아이디어를 논의하지 않는다. 보통 사람들은 아이디어의 강력한 힘을 제대로 이해하지 못하기 때문에 좋은 아이디어가 떠올라도 발전시키지 못한다.

돈은 큰 힘을
갖고 있지만
아이디어는 훨씬 더
막강한 힘을 지니고 있다.

# 내가 하는
# 말이 곧
# 나의 미래다

Your Words Create
Your Future

매일 시간을 정해 당신이 꿈꾸는 것들을 구상하고 그리면 창의력이 높아진다. 의식적으로 꾸준히 상상력을 펼치다 보면 돈과 직결되는 아이디어가 끊임없이 샘솟는다. 백만 장자에게 돈이 되는 무언가를 찾는 일은 그다지 어려운 일이 아니다. 도리어 수많은 아이디어 중 무엇을 골라 실행해야 할지가 고민이다.

잡다한 주제나 남에 대한 이야기를 늘어놓는 것보다 아이디어에 대해 더욱 많이 이야기할 수 있는 몇 가지 간단한 방법이 있다.

먼저 아이디어에 대해 이야기하려면 무의식적으로 자주 사용하는 부정적인 화법에서 벗어나야 한다. '불가능'보다는 '가능'을, '할 수 없다'보다 '할 수 있다'를, '해야만 한다'보다 '할 것이다'를 써라.

백만장자는 긍정적인 단어를 사용한다. 긍정적인 태도가 모든 것을 해결한다는 의미가 아니다. 말은 힘이 세다. 일이 잘 풀리지 않는다는 지인들의 말을 잘 들어보면 능동적이기보다는 수동적인 어투를 많이 쓴다는 것을 깨닫게 될 것이다. 백만장자는 확신을 갖고 말한다. 이들은 아이디어를 실현할 수 있다고 믿으며 실제로 그것을 해낸다.

주변에 가십거리나 다른 사람에 대해 자주 불만을 토로하는 사람이 있으면 한번 자세히 관찰해보자. 나는 불평을 하면 할수록 불만스러운 일이 더욱 많이 생긴다고 믿는다. 지불해야 할 고지서와 빚이 많다고 투덜대면 빚이 더 늘어나는 식이다.

사람들이 당신을 부당하게 대한다고 불평할수록 점점 더 당신을 그렇게 대하는 사람이 많아질 것이다. 지금 하고 있는 일에 대해 자꾸 부정적인 생각을 한다면 점점 더 그 일을 하고 싶지 않을 것이다. 다시 말해 그 일을 그만두거나 환경을 개선할 의지도 없이 주어진 상황에 그저 불만만 토로하는 것만큼 어리석은 짓은 없다.

백만장자는 투덜대지 않는다. 내가 알고 지내는 수많은 부자들 가운데 어느 누구도 불평만 늘어놓는 사람을 본 적이 없다. 당신이 하는 말에는 진심과 생각이 깃들어 있다. 아닌 척 숨기려 해도 금방 드러나고 만다. 별일 아닌 일에도 부정적인 생각이 이어진다면 자신이 하는 말을 주의 깊게 살펴보자. 마음과 머리에 어떤 생각이 가득한지 깨닫게 될 것이다.

불만을 입에 달고 사는 사람들은 사실 자기 자신에게 저주를 퍼붓고 있는 것이다. 자기 자신에게 저주를 내리고 싶은 사람은 아무도 없을 것이다.

이제 불평은 그만두고 아주 작은 일에도 감사한 마음을 갖자. 감사하는 마음은 생각지도 못한 순간에 세상에서 가장 강력한 힘을 발휘한다. 소소한 일에도 감사하기 시작하면 감사할 일이 더 많이 생긴다. 감사한 아이디어들, 감사한 일들, 감사한 사람들에 대해 이야기한다면 점차 인생이 달라질 것이다.

**긍정적이고 능동적인 말을 사용하라.**
**불편을 멈추고 무엇을 배울 수 있을지 찾아라.**

불평하고 싶을 때면 '삶이 내게 무엇을 가르치려 하는가?' 하고 자문해보길 바란다. 무언가 뜻대로 되지 않을 때, 힘든 일이 닥쳤을 때에도 그것에서 배울 점을 찾을 수 있다. 평탄하기만 한 인생은 없다. 자신의 한계에 직면한 순간 삶은 우리에게 새로운 관점에서 상황을 바라보라는 교훈을 전해준다. 이런 순간에 새로운 아이디어가 단생하는 것이다. 다른 관점에서 인생을 바라보는 법을 터득하고 나면 당신이 대화 주제로 삼을 수 있는 흥미로운 아이디어가 떠오를 것이다.

## ● 백만장자의 특별한 질문 ●

Q1. 최근에 사람들과 나눈 대화의 주제는 무엇이었는가?

_____

_____

_____

_____

_____

Q2. 새로운 아이디어를 기록해보자.

_____

_____

_____

_____

_____

Q3. 오늘 감사했던 사람이나 일이 있다면 적어보자.

_____

_____

_____

_____

_____

# THE RICH

# 변화를
# 두려워하지 말고
# 즐겨라

**DISTINCTION 8**

# 백만장자는 변화를 받아들이고
# 보통 사람은 변화에 저항한다

변화란 좋은 결과를 가져올 수도, 나쁜 결과를 가져올 수도 있다. 중요한 것은 변화가 긍정적인 영향을 끼칠지, 부정적인 영향을 끼칠지 처음에는 알 수 없다는 점이다. 긍정적인 변화라면 문제될 것은 없다. 긍정적인 변화를 원치 않는 사람은 없다. 다만 문제는 변화 자체가 나쁘다고 지레짐작하고 피하려 하는 것이다. 백만장자는 긍정적이든 부정적이든 변화 자체가 삶에 좋은 영향을 주리라 믿는다.

성공학의 구루인 니도 쿠베인Nido Qubein은 이렇게 말했다.


"소심한 사람들에게 변화는 두려운 것이다.

현재에 안주하는 사람들에게 변화는 위협적인 것이다.

그러나 진정한 자신감에 차 있는 사람들에게 변화란 곧 기회다."

# 변화를
# 수용하는 법을
# 배워라

## Learn to Embrace
## Change

당신은 변화를, 특히 예상치 못한 변화를 잘 받아들이는 편인가?

백만장자가 되고 싶다면 변화에 유연하게 대처하는 법을 배워야 한다. 백만장자는 변화가 성장을 향한 기회를 가져온다는 것을 잘 알기 때문에 이를 적극 수용한다.

내면이 불안정한 사람은 시작도 해보기 전에 변화를 거부한다. 익숙한 일이나 일상에 작은 변화가 생기는 것만으로도 지금까지 쌓아온 것들을 잃어버릴 수 있다는 불안감이 커지기 때문이다. 반면 자신감에 차 있는 사람은 변화를 반갑게 받아들인다. 변화를 적극 수용하는 백만장자는 자신감이 넘치는 사람들이다.

자신감은 준비와 노력을 통해 얻어진다. 또한 자신감은 자기 자신에게 최선을 다할 때 채워진다. 다시 말해 자신의 능력을 스스로에게 증명하는 것이며, 어떤 일이 닥쳐도 잘 헤쳐 나갈 수 있다고 자기 자신을 믿는 것이다.

# 선택할 것인가
# vs.
# 바랄 것인가

Choice
vs.
Wish

백만장자는 부자가 되는 것을 '선택했다'.
보통 사람들은 부자가 되길 '바란다'.

선택과 바람에는 큰 차이가 있다. 선택이란 자신이 해낼 수 있다는 믿음이 있을 때 행하는 것이다. 바람은 할 수 있을지 없을지 불확실한 의심에서 탄생한다.

의심은 두려움의 또 다른 말이다. 보통 사람들은 부자가 될 수 없을 거라는, 되지 못할 거라는 두려움을 갖고 있다. 이는 앞서 말한 돈에 대한 인식의 차이와도 같은 맥락이다. 부자는 세상 모든 이들이 누릴 만한 부가 존재한다고 믿지만 가난한 사람들은 부는 한정적이며 늘 불공평하게 주어지고 부족한 것이라고 생각한다.

당신의 내면에는 무엇이 자리하고 있는가? 할 수 있다는 믿음인가, 할 수 없다는 두려움인가?

변화 앞에서 당신의 민낯이 드러난다. 직장에서 늘 하던 업무 방식을 바꿔야 한다거나 갑작스러운 실직으로 다른 일을 찾아야 한다거나 살아가면서 예상치 못한 순간에 변화의 기점에 서는 순간이 온다. 그럴 때 제일 먼저 느끼는 감정이 '분노'라면 당신의 내면에 분노가 깊게 자리하고 있다는 의미다. '걱정'이 앞선다면 당신이 두려움에 떨고 있다는 뜻이다. 작은 변화든 큰 변화든 직면한 순간 불안과 불만이 차오른다면 당신의 내면에는 감사할 줄 아는 마음이 없다는 증거다.

백만장자는 변화 앞에서 불평하거나 걱정하거나 분노하지 않는다. 이들은 제일 먼저 변화가 가져올 기회가 무엇인지 살핀다.

두려움은
우리의 눈을 가려
기회를 포착하지
못하게 만든다.

# 변화 속에서 기회를 찾아라

## See the Opportunity in Change

대부분의 사람이 변화를 두려워하는 이유는 새로운 변화를 감당할 만큼 스스로가 얼마나 강한지 확신하지 못하기 때문이다. 그리고 그들이 변화에 저항하는 가장 큰 이유는 두려움이다. 자신감을 키우고 변화를 받아들이는 법을 배우면 두려움의 장막에 가려져 있던 변화 속의 기회를 발견할 수 있다.

누군가 이렇게 말했다.

급변하는 세상에서 지식을 끊임없이 구하는 자는 새로운 세상을 물려받지만 지식인은 이미 지나간 세상을 위해 뒤늦게 준비를 마친 자들이다.

변화는 우리가 새롭게 배워야 할 지식이 무엇인지 일깨워준다. 배울수록 우리는 더욱 강해지고 더 높은 자신감을 가질 수 있다. 자신감이 곧 힘이다. 자신감이 충만해야 다가온 기회를 최대한 활용할 준비도 할 수 있다. 기회가 언제 찾아올지는 아무도 모르는 일이다.

보통 사람들은 백만장자에게는 항상 운이 따르고, 우연

히, 적절한 때에 적절한 위치에 있었던 덕분에 기회를 잡았다고 생각한다. 하지만 운만으로는 부자가 될 수 없다. 적절한 순간, 적절한 위치에서 준비된 사람만이 기회를 얻는다. 그렇지 않다면 기회가 눈앞에 있어도 왔다는 것조차 깨닫지 못한다. 이처럼 변화를 받아들이는 법부터 깨우쳐야 인생이 제공하는 기회를 적극 취할 수 있다.

미래는 시대의 변화에 부응하는 사람들의 몫이다. 우리에게 예상치 못한 변화가 발생하는 이유는 우리를 변화시키고 성장시키기 위해서다. 변화의 순간에 그것을 인정하고 빨리 적응할 방법을 찾는 것이 자신감을 높이는 첫걸음이다.

변화를 받아들이고 변화할 것, 이것이 변화의 진정한 목적이다. 인간의 참된 목표는 배우고 성장하는 것이다. 삶은 우리에게 변화라는 과제를 주어 배우고 성장하도록 만든다.

변화는 항상
우리가 더욱 성장하고
강해질 수 있는
기회와 함께 온다.

# 스스로
# 날아오르는 법을
# 배워라

Learn to Fly

변화에 저항하는 것은 새끼 독수리가 따뜻하고 안전한 둥지를 떠나지 않으려는 것과 같다. 결국 어미 독수리는 둥지에 깔아둔 자신의 부드러운 솜털을 하나씩 제거해 따뜻하고 안전했던 환경을 바꾸려 들 것이다. 어느새 날카로운 나뭇가지가 새끼 독수리의 몸을 찌르기 시작한다.

"엄마, 나한테 도대체 왜 이러는 거예요?"

의아해하는 새끼 독수리에게 어미 독수리는 이렇게 답한다.

"이제 나는 법을 배워야 할 때니까."


삶은 변화를 통해 당신에게 날아오르는 법을 가르쳐주려 한다. "도대체 나에게 왜 이런 일이 생기는 거지?"라는 생각이 든다면 어미 독수리가 새끼에게 한 말을 떠올리길 바란다.

실제로 도전해보기 전에는 당신이 무엇을 할 수 있을지, 얼마나 성장할 수 있을지 알 수 없다. 누군가에게 인생에서 가장 힘들었던 순간에 대해, 삶이 날카로운 변화구를 던졌던 순간에 대해 물어보길 바란다. 상대방은 아마 이렇게 답할 것이다.

"내 인생에서 최고의 순간이었어."

누구나 인생에서 한 번쯤, 아니 여러 번 시련과 난관을 겪는다. 변화의 기점에 서 있던 과거의 경험을 되돌아보고 변화란 언제나 우리에게 유익했음을 깨닫길 바란다.

변화는 좋은 것이다! 변화가 닥쳤을 때 되도록 빨리 받아들여야 삶이 주고자 한 교훈 또한 빨리 얻을 수 있다. 교훈을 빨리 깨칠수록 당신이 새로이 갖춘 강인한 힘을 즐길 순간도 빨리 온다.

자신감이 높이 차오를 때 황홀한 기분에 빠진다. 더욱 성장하고 강인해진 기분을 당신도 마음껏 즐길 수 있길 바란다. 변화가 찾아왔을 때 두려움보다는 기꺼이 받아들여 스스로 나는 법을 배워야 한다.

# ◦ 백만장자의 특별한 질문 ◦

**Q1. 당신은 변화를 잘 받아들이는 편인가?**

_____

_____

_____

_____

_____

**Q2. 지금까지 살아오면서 겪은 가장 큰 시련은 무엇인가?**

_____

_____

_____

_____

**Q3. 그 일을 통해 달라진 점이 있는가?**

_____

_____

_____

_____

# THE RICH

# 위험을
# 미리
# 계산하고
# 감수하라

## DISTINCTION 7

백만장자는 위험을 기꺼이 감수하지만
보통 사람은 어떤 위험도 감수하려 하지 않는다

대부분의 사람들은 매일 쫓기듯 살아간다. 늘 조금씩 아쉽지만 매달 일정하게 들어오는 월급과 반복되는 일상을 유지할 수 있음에 만족하며 새로운 도전이나 모험을 하지 않으려 한다. 위험을 감수하고 싶지 않기 때문이다.

하지만 반복되는 삶에서 벗어날 방법은 위험을 감수하는 것뿐이다. 반복되는 삶에서 벗어날 방법은 위험을 감수하는 것뿐이다. 당황하지 않기를. 인쇄 실수가 아니다. 동일한 문장을 '두 번' 적은 것이 맞다. 내친김에 한 번 더 강조하겠다. 지금 당장 갑갑한 삶에서 벗어날 방법은 위험을 감수하는 것뿐이다!

위험이 없는 삶은 기회가 없는 삶과 같다. 위험을 감수하라는 말은 아무런 준비 없이 무조건 뛰어들라는 뜻이 아니다. 백만장자는 미리 위험을 계산한다. 여기서 '계산한다'는 어떤 의미일까? 필요한 지식을 먼저 갖추고 실패의 가능성과 결과를 따져본 후 실행에 옮긴다는 뜻이다.

# 지식으로
# 두려움을
# 이겨내라

## Use Knowledge
## to Overcome Fear

백만장자는 모험을 두려워하지 않는다. 이들이 강철 멘탈로 무장해 두려움을 전혀 느끼지 않는다는 의미가 아니다. 인간이라면 누구나 두려움을 느낀다. 그러나 두려움에 어떻게 대처하는지에 따라 전혀 다른 결과를 얻게 된다. 백만장자는 두려움을 극복하고 보통 사람들은 두려움에 굴복한다.

두려움을 극복하는 백만장자의 갑옷은 바로 '지식'이다. 지식으로 두려움을 이겨낸다.

지식은 빛이고 두려움은 어둠이다.

빛이 어둠을 물리치듯 무엇이든 실체를 밝히고 위험에 대처할 방법까지 마련해두면 막연한 두려움은 사라진다. 빛으로 어둠을 물리칠 때 기꺼이 뛰어들 용기도 낼 수 있다.

백만장자는 위험을 감수하기에 앞서 대처하기 위해 필요한 것들을 배우고 실패의 가능성과 결과를 면밀히 따져본다. 백만장자는 마구잡이로 돈을 뿌리고 가만히 앉아 수익이 발생하기만을 바라지 않는다. 백만장자는 위기를 관리하는 법을 연습한다.

나의 멘토인 니도 쿠베인에게서 배운 가장 간단한 위기 관리법이 있다. 그는 위기를 느끼는 순간 다음 세 가지 질문을 자기 자신에게 해야 한다고 가르쳤다.

1. 최선의 상황은 무엇인가?
2. 최악의 상황은 무엇인가?
3. 벌어질 확률이 가장 높은 상황은 무엇인가?

어떤 일을 시작하기 전 최악의 상황을 감당할 수 있고, 벌어질 확률이 가장 높은 상황을 통해 목표에 가까이 도달할 수 있다면 마땅히 해야 한다! 그러나 최악의 상황을 감당할 자신이 없고, 벌어질 확률이 가장 높은 일이 당신의 목표와 무관하다면 시도해선 안 된다. 위험을 감수해야 하는 순간이 왔을 때 위의 세 가지 질문을 떠올리길 바란다. 나는 이 질문들을 통해 통찰력을 얻었고 현명한 선택을 내릴 수 있었다.

대부분의 사람이 성공에 가장 **빠르게** 도달할 수 있는 모험을 감행하지 않는 이유는 세 가지 두려움 때문이다. 바로 실패에 대한 두려움, 거절에 대한 두려움, 잃는 것에 대한 두려움이다. 하지만 두려움의 실체와 원인을 제대로 알고 나면 충만한 자신감과 지식이라는 무기로 두려움을 손쉽게 물리칠 수 있다.

자, 이제 두려움과 마주할 준비가 되었는가.

# 실패에 대한
# 두려움

The Fear of
Failure

실패를 하느냐, 하지 않느냐는 중요하지 않다. 결국 빠르냐 느리냐의 문제일 뿐 결국 누구나 실패를 경험한다.

백만장자는 실패란 성공에 이르기 위한 과정임을 알고 있다. 이들은 실패를 두려워하지 않고 실패를 마땅히 받아들여 이를 통찰력을 얻는 기회로 삼는다.

사람들이 실패를 두려워하는 이유는 실패란 나쁜 것이라고 인식하기 때문이다. 반면 백만장자는 실패를 경험하는 것이 유익하다고 생각하며 배우고 성장하는 계기로 삼는다.

실패를 두려워하면 위험을 감수하지 않으려 한다. 위험은 실패의 가능성을 내포하고 있지만 그만큼 더 빠른 성장의 기회가 될 수 있다. 실패를 긍정적으로 여긴다면 더욱 과감하게 다양한 모험을 감행할 수 있다. 실패를 바라보는 관점과 실패에 반응하는 방식으로 당신이 얼마나 성공할 수 있을지가 결정된다.

우리는 실패를 통해 많은 것을 배울 수 있다. 실패의 경험은 우리가 무언가를 잘못했음을 알려주고 바로잡을 수 있는 기회를 제공한다. 그래서 백만장자는 실패를 통해 배우고 다시 도전한디. 하지만 대부분의 사람늘은 실패를 경험하는 순간 더 이상 다시 시도해보려 하지 않는다. 이런 사람들이 흔히 하는 말이 있다.

"전에 한 번 해봤는데 다시는 안 할 생각이야."

보통 사람들은 실패를 겪은 후 포기해버리지만 백만장자는 실패를 발판으로 삼아 계속 나아간다. 성공하고 싶다면 실패를 거듭해도 계속 도전해야 한다.

실패는 인생의 스승이다.
실패의 경험은
우리가 무언가를
잘못했음을 알려주고
바로잡을 수 있는
기회를 남겨준다.

# 거절에 대한
# 두려움

The Fear of
Rejection

보통 사람들은 자기 자신의 만족보다 타인에게 인정받는 것을 더 중요하게 생각한다. 누구나 남들에게 부정적인 평가를 받기보다는 인정받고 싶은 마음을 가지고 있다. 성공을 바라는 마음도 이와 같다. 자, 이제부터가 중요하다.

백만장자는 남들에게 인정받는 것보다 자신이 정한 목표를 이뤄내는 것을 더 중요하게 생각한다. 이를 위해서는 위험을 감수해야 하는데 여러 번 실패를 하다 보면 당신의 노력을 인정하지 않고 패배자라 여기는 사람들을 만나게 될 것이다. 재밌는 점은 당신이 성공했다 하더라도 여전히 당신을 인정하지 않는 사람들이 있을 것이라는 사실이다.

누군가 이런 말을 했다.

세상 사람들 중 3분의 1은 당신을 좋아할 것이고, 3분의 1은 당신을 싫어할 것이며, 나머지 3분의 1은 당신을 전혀 신경 쓰지 않는다.

백만장자는 모든 사람을 만족시킬 수 없다는 사실을 잘 알고 있다. 만약 남들에게서 긍정적인 평가를 받는 데 집착

한다면 과감하게 도전할 수 없을 것이다. 새로운 일을 시작하거나 기존과 다른 방식으로 일을 진행하고자 할 때는 그만큼 위험이 뒤따른다. 때론 매몰차게 거절을 당하고 주위의 부정적인 시선도 받기 마련이다. 하지만 타인의 부정적인 반응이 두려워 도전을 포기해서는 안 된다.

당신이 무엇을 하든 무조건적으로 당신을 싫어하는 사람들이 존재한다는 사실을 받아들이자. 가장 현명한 방법은 스스로 세운 목표를 위해 지금 당신이 해야 할 일에 집중하는 것이다.

타인의 인정보다
성공을
더욱 갈망하라.

# 잃는 것에 대한
# 두려움

The Fear of
Loss

백만장자는 이기기 위해 게임을 한다. 보통 사람들은 지지 않기 위해 게임을 한다.

이는 실로 엄청난 차이다! 경기 내내 방어만 하는 미식축구 팀을 상상할 수 있는가? 이 팀이 승리할 확률은 0에 수렴한다. 지는 것을 두려워한다면 돈에 관해서도 잃지 않기 위해 방어 태세만 취할 것이고 그렇게 되면 결코 경제적 자유를 얻지 못할 것이다.

잃지 않을 생각만 하는 사람들은 항상 "이걸 했어야 했네.", "저걸 했어야 했네."라는 말을 달고 산다. '무언가를 했어야 했다'와 '무언가를 했다'에는 굉장한 차이가 있다. 백만장자는 "무엇을 했다."고 말하기 위해 잃을 것을 각오하고 도전해서 결과를 얻는다. 하지만 "무언가를 했어야 했다."고 말하는 사람들은 백만장자가 이룬 결과만을 보고 자신이 얻지 못한 것을 안타까워할 뿐이다.

위험을 감수할 때 돈을 잃을 수도 있지만 그 현실마저 받아들이고 계속 밀고 나아가야 한다. 실패가 성공의 과정이듯 잃는 것 또한 이기기 위한 과정이다.

대부분의 백만장자가 몇 번이나 돈을 잃어본 적이 있다는 것을 알고 있는가? 머니 게임에서 승리를 거두기 전 한

번 이상 파산한 경험이 있는 백만장자도 여럿이다.

승리하고 싶다면 지는 것에 대한 두려움을 뛰어넘어야
한다. 잃는 것을 두려워하기 때문에 방관자로 남을 수밖에
없는 것이다.

이기고 싶다면 이기겠다는 마음가짐으로 임해야 한다.
잃지 않겠다는 태도로는 잃는 게임밖에 할 수 없다.

백만장자는
'무엇을 했다'고 말하지만
보통 사람들은
'무언가를 했어야 했다'고
말한다.

# 죽음을 앞둔
# 사람처럼
# 살아라

Live Like
You Were Dying

많은 사람 앞에서 강연을 할 때면 '죽음을 앞둔 사람처럼 삶에 임하기'라는 주제를 포함시킨다. 이 주제에 대해 이야기하면서 나는 노인들을 대상으로 진행한 설문 결과를 청중에게 알려준다.

한 설문조사 기관에서 90세 이상 노인들에게 "다시 한번 살아볼 기회가 주어진다면 어떻게 살고 싶습니까?"라고 질문했다. 가장 많이 나온 답변은 세 가지였다. 과연 어떤 대답이 나왔을까?

그중 하나는 "더욱 많은 모험을 해보고 싶다."였다고 한다. 이 답변이 무엇을 의미하는지 이해했는가? 삶의 마지막 순간에 이르면 했던 일보다 하지 못한 일에 대한 후회가 남기 마련이다. 위험을 감수하고 좀 더 모험을 해본다면 훗날 뼈저린 후회를 하지 않을 것이다. 죽음을 앞두고서야 '그때 해볼걸' 할 일을 만들지 않길 바란다. 믿음을 갖고 두려움을 이겨내 기꺼이 도전해보라.

나머지 두 가지 답변은 이렇다. "행복했던 기억을 더 많이 떠올리며 추억하고 힘들었던 시기를 되새기며 교훈을 얻고 싶다." "내가 죽은 뒤에도 유산으로 남을 일들을 더 많이 하고 싶다."였다. 당신이 떠난 뒤에도 세상에 남을 일을 하고 싶다면 기꺼이 위험을 감수해야 한다. 세상에 오래도록 기억되는 사람들은 모험을 감행한 사람들이었다.

세 가지 답변을 정리하면 다음과 같다.

더욱 많은 도전을 하고, 과거를 성찰하며, 오래도록 기억될 일을 하라.

아흔이 넘은 사람들이 들려주는 조언에도 깨닫지 못한다면 당신은 어디에서도 깨달음을 얻을 수 없다. 다시 한 번 말하지만 위험이 없는 삶은 기회가 없는 삶과 같다.

이 사실을 명심하길 바란다. 백만장자는 두려움을 느끼지 못하는 게 아니라, 두려움을 극복하고 실행에 옮기는 사람이다. 현실에 안주하는 사람은 두려움에 굴복하고 후회하며 살아간다. "무언가를 했어야 했다."가 아닌 "무언가를 했다."고 자신 있게 말할 수 있어야 한다. 필요한 지식을 갖추고 앞서 소개한 세 가지 질문을 스스로에게 던져보고, 위험을 계산하고 감수해야 한다.

## • 백만장자의 특별한 질문 •

**Q1. 당신이 도전하고 싶은 일은 무엇인가?**

---

---

---

---

---

**Q2. 그 일에 도전하는 데 방해가 될 두려움은 무엇인가?**

---

---

---

---

---

**Q3. 내가 했던 도전 중 오래도록 기억될 일은 무엇인가?**

---

---

---

---

---

# THE RICH

# 끊임없이
# 배우고
# 성장하라

백만장자는 평생 배우는 데 투자하고
보통 사람은 학교를 졸업하는 순간
배움은 끝난다고 생각한다

성공한 사람의 집을 소개한 잡지나 기사를 보면 공통점을 하나 발견할 수 있다. 그들의 집에는 잘 꾸며진 큰 서재가 있다는 것이다. 백만장자는 왜 서재를 채우고 꾸미는 데 많은 돈을 투자하는 것일까?

내가 아는 대부분의 백만장자들은 책을 일주일에 한 권씩 읽는다. 그들은 좋은 책을 발견하거나 도움이 되었던 오디오 북이 있으면 서로 추천해준다. 내 친구 중 한 명은 성공학을 배우는 데 50만 달러나 썼다. 나도 성공에 대해 배우고 연구하는 데 10만 달러를 들였다.

이 말에 당신은 그렇게 큰돈을 들여야만 배울 수 있느냐고 반문하거나 돈 버는 법을 배우기 위해 그 정도로 지출할 수는 없다고 생각할 수도 있다. 내 친구들도 나도 이렇게 큰돈을 한 번에 쓴 것은 아니다. 점차 수입을 늘려가며 지식에 대한 투자를 계속한 것뿐이다.

소득의 일정 부분을 경제 공부에 투자하지 않으면 부자가 될 수 없다. 경제 공부에 투자할수록 수입 또한 늘어난다.

# 책을 통해
# 꾸준히
# 지식을 쌓아라

Build up
Your Knowledge
by Reading Books

우선 책으로 시작하길 바란다. 가장 경제적으로, 가장 빨리 지식을 쌓을 수 있는 방법이다.

내가 분명히 말할 수 있는 것은 백만장자는 끊임없이 독서를 한다는 점이다. 책 속에 담긴 유용하고 방대한 지식을 생각하면 책값은 결코 비싸지 않다. 저자가 몇 년에 걸쳐 익히고 개발한 노하우를 단 몇 시간의 독서만으로도 배울 수 있다는 것을 아는가? 그 어느 때보다 빠르게 백만장자가 되는 사람들이 늘고 있다. 몇 년의 경험이 농축된 책을 읽으며 본인의 시간을 절대적으로 아낀 사람들이다. 내가 20달러에 구매해 읽은 책들에서 얻은 통찰력과 경험치는 2만 달러의 가치를 넘어섰다.

책 외에도 백만장자는 자신이 배워야 하는 분야의 전문가에게 조언을 구하기 위해 돈을 지출한다. 무료 정보를 찾아다니는 것도 나쁘지 않다. 다만 무료 정보가 때론 가장 값비싼 조언이 되기도 한다. 이런 경우는 유용한 정보만 잘 걸러낼 필요가 있다. 무료 정보를 제공하는 사람들은 보통 자신이 전문가라고 하지만 실제로는 실전 경험이 부족하거나 없는 경우가 많다. 그래서 백만장자는 무료로 제공하는 정보나 조언이 그다지 가치 있다고 생각하지 않는다. 백만장자는 실전 경험이 있고, 가급적이면 여전히 그 일을 하고 있는 사람들에게 배운다. 여기서부터 경제 공부에 드는 비용이 높아진다.

내가 성공학에 관련해 구매한 책값만 해도 어림잡아 2만 달러가량 될 것이다. 퍼스널 코칭과 멘토링에 들인 투자는 이보다 다섯 배 정도 많다. 내가 '지출한 돈'이 아니라 '투자'라고 적었다는 것을 상기하길 바란다.

실전 경험이 있는 전문가가 전해주는 지식에는 가치를 매길 수 없다. 저명한 코치나 멘토는 자신의 서비스에 대한 가격을 책정하지만 백만장자는 이 비용을 투자로 본다. 나는 누구에게나 코치가 필요하다고 생각한다. 왜 아니겠는가? 위대한 업적을 달성한 운동선수들 모두 훌륭한 코치를 두었다. 마찬가지로 위대한 부를 달성하고 싶다면 그만한 코치의 도움을 받아야 하지 않겠는가?

성공은 과정이다.
백만장자는
평생 배움을
멈추지 않는다.

# 경제 공부에
# 아낌없이
# 투자하라

Invest
in Your
Financial Education

나는 주말 동안 진행되는 부를 쌓는 방법에 대한 세미나에 참가하는 데 1만 2,500달러를 썼다. 그곳에서 만난 백만장자는 세미나를 통해 얻은 지식을 자신의 사업에 적용하면 1,000만 달러의 추가 이익을 창출할 수 있을 거라고 했다. 기존 수익 대비 1,000만 달러를 더 벌기 위해 1만 2,500달러를 투자할 만한 가치가 있을까? 물론 그만큼의 가치가 있고도 남는다.

보통 사람들의 경우 처음부터 이렇게 큰 규모의 투자를 감행해 세미나에 참석하는 것은 쉬운 일이 아니다. 그러나 책 속에 담긴 지식을 활용해 2만 달러를 벌 수 있다면 20달러짜리 책을 구매하는 것은 충분히 가능하다.

백만장자는 목표를 달성한 사람들에게 투자해 지식을 얻는다. 내가 처음 부동산 투자를 시작할 당시 25달러짜리 오디오 북을 구매해 필요한 지식과 실행할 용기를 얻었다. 이후 TV 광고를 보고 200달러짜리 부동산 정보 프로그램을 구매했다. 이를 통해 축적한 지식을 적용해 이듬해 10만 달러가량을 벌었다. 4,000달러를 내고 1년짜리 프로그램에 투자한 나는 그 다음 해에는 20만 달러를 벌었다. (지식에 투자할수록 더 큰 수입을 얻을 수 있다는 것을 강조하고자 한 예시

이기 때문에 자세한 과정은 언급하지 않겠다.) 지혜는 지식을 적용하는 능력이다.

대부분의 사람들이 매년 비슷한 소득을 유지하는 이유는 이들의 지식이 항상 비슷한 수준에 머물러 있기 때문이다. 그 이유 중 하나는 배움이란 학교를 나서며 끝나는 것이라고 생각하기 때문이다.

백만장자는 자신이 처한 환경에서 끊임없이 배울 점을 찾아 학습한다. 백만장자가 자주 하는 질문은 '내가 여기서 무엇을 배울 수 있는가?'이다. 반대로 보통 사람들은 '왜 내게는 항상 이런 일이 벌어지는 거야?' 하며 한탄한다. 삶이 전해주는 가르침을 제대로 받아들이지 못해서 계속 같은 상황에 처하는 것이다.

어떤 목사는 이렇게 말했다.

우리는 신이 내린 시험에서 낙제한 적이 한 번도 없습니다. 다만 통과할 때까지 계속 같은 시험을 치르는 것뿐입니다.

맞는 말이다! '왜 나에게 항상 이런 일이 벌어지는 거야?'

라는 질문은 다시 말하면 같은 상황이 반복되고 있다는 뜻이다.

당신에게 나쁜 일이 반복되는 이유는 당신의 지식이 제자리에 머물러 있기 때문이다. 백만장자가 되고 싶고 그 삶을 유지하고 싶다면 끊임없이 배우고 성장해야 한다. 백만장자가 된 후에도 배움은 멈추지 않아야 한다. 배움을 멈춘다면 얼마 지나지 않아 백만장자의 삶에서 멀어질 것이다.

# 좋아하는
# 일을 하면서
# 돈을 버는 방법

How to
Make Money
by Doing What
You Love

백만장자는 개인의 성장에 주력한다. 더 많이 갖기 위해서는 더 나은 사람이 되어야 한다고 믿는다. 이들은 성장이 인생의 진정한 목표라고 생각한다. 성장은 단기간에 이루어지지 않는다. 인내심을 갖고 지식을 쌓아 나가야 성장할 수 있다.

지식이란 씨앗을 뿌리는 것이고 이 씨앗이 과실을 맺기까지 시간이 필요하다. 책을 읽을 때마다 내면에 새로운 씨앗을 뿌리는 것이라고, 혹은 이미 씨앗을 뿌린 땅에 물을 주는 것이라고 생각하면 어떨까?

백만장자는 자산을 늘리는 법뿐만 아니라 훌륭한 인간관계를 쌓는 법에 관한 책을 읽는다. 또한 이들은 정신력에 대한 책과 타인의 성공과 실패에 대한 글을 읽는다.

백만장자는 돈을 버는 것뿐 아니라 성공적인 삶을 살기 위해 매사 진지한 학생의 태도로 임한다. 삶에서 더욱 많은 것을 성취하기 위해 새로운 사고방식과 실천법을 끊임없이 갈구한다.

백만장자와 보통 사람의 가장 큰 차이는 백만장자는 자신이 즐겁게 할 수 있는 일에 주력한다는 것이다. 이들은 자신에게 영감을 주는 주세에 대해 배움을 멈추지 않는다.

백만장자가 삶의 모든 측면에 대해 공부하는 이유는 삶을 사랑하기 때문이다.

사람들은 부자들이 돈만 좋아한다고 생각한다. 내 경험상 완전히 틀린 말이다. 경제적인 성공을 이룬 사람들은 자신의 부를 이용해 가족과 타인에게 무언가 해주는 것을 좋아하는 사람들이다. 욕심 많고 돈을 잃는 것을 두려워하는 백만장자는 진정으로 성공했다 볼 수 없다. 진정한 성공이란 마음의 평안과 내면의 만족감을 느낄 때 찾아온다.

성공학을 배우고 돈을 버는 방법을 공부하되 자신의 목표를 좇으면서도 현재에 만족하는 법 또한 배우기 위해 노력해야 한다. 다시 말하지만 백만장자는 자신의 삶을 사랑하는 사람들이다. 그들은 돈을 버는 것도 좋아하지만 자신의 삶 그 자체보다 돈을 우선시하지 않는다. 가족이나 당신 자신보다 돈을 좋아한다면 이미 돈의 교묘한 속임수에 넘어간 것이고, 결코 진정한 성공을 누리지 못할 것이다.

평생 배움의 끈을
놓지 않는 비법은
당신이 좋아하는 분야를
공부하는 것이다.

# 인생의
# 우선순위를
# 정하라

Prioritize
According to
Importance

현실에 만족하지 못하고 계속 더 많은 것을 바라기만 하는 사람들이 있다. 삶의 기준이 자신이 아닌 타인에게 있고 때론 자신이 무엇을 원하는지조차 모르기 때문에 자기 자신에게 만족하는 법을 배우지 않는 한 계속 그렇게 갈망하기만 하며 살 가능성이 높다.

백만장자는 자신이 무엇을 가장 원하는지 정확하게 알고 있다.

나는 그들이 자신에게 진짜 소중한 것이 무엇인지 알고 중요도에 따라 우선순위를 정한 덕분에 성공할 수 있었다고 생각한다.

앞서 배움과 성장에 대한 이야기를 할 때도 밝혔지만 부를 좇는 과정에서 삶의 균형을 잃는 사람들이 있다. 이들은 돈만 밝히고 가족과 건강은 등한시한다. 돈을 벌기 위해 가족과 자신의 건강을 잃어서는 안 된다. 인생에 있어 돈은 중요한 것이지만 가장 소중한 것들을 잃어가면서까지 좇을 만큼 중요하지는 않다.

돈을 버는 방법만이 아니라 한 인간으로서 충만한 삶에 이르는 방법 또한 배워야 한다. 돈이 풍족하다면 좋은 점이 많지만 당신이 사랑하는 사람들과 깊고 의미 있는 관계를 형성할 때 더욱 큰 기쁨이 찾아오고, 이 두 가지를 모두 이룰 때 삶은 한결 행복해진다. 자기 자신을 사랑하고 타인을 사랑하며 큰돈을 벌 수 있는 방법을 함께 배워야 한다.

# ● 백만장자의 특별한 질문 ●

**Q1. 최근에 읽은 책은 무엇인가?**

_____

_____

_____

_____

_____

**Q2. 당신이 미래를 위해 투자한 배움은 무엇인가?**

_____

_____

_____

_____

_____

**Q3. 당신 인생의 우선순위는 무엇인가?**

_____

_____

_____

_____

_____

# THE RICH

다섯 번째 연금술

# 수익을
# 높이는 법을
# 배워라

## DISTINCTION 5

백만장자는 수익을 높이기 위해 일하고
보통 사람은 월급을 받기 위해 일한다

월급을 받기 위해 일하는 사람들은 사는 데 불편하지 않을 정도로 돈을 벌기는 하지만 그 이상의 돈을 벌지는 못한다. 시급, 월급으로 어느 정도의 돈만 버는 사람이 경제적 자유를 누릴 확률은 거의 없다.

백만장자는 월급이 아니라 이익을 얻기 위해 일한다. 월급은 당신이 하는 일에 대한 대가로 받는 돈이다. 여기서 이익이란 무언가를 구매한 후 더 높은 가격으로 되팔 때 생기는 차액을 뜻한다. 그래서 백만장자는 판매업에 종사하는 경우가 많다.

소득을 전적으로 월급에만 의존한다면 벌어들이는 돈은 극도로 한정될 수밖에 없다. 하지만 이익을 만들어내는 법을 깨달으면 당신이 벌 수 있는 돈의 한계는 없다. 1년에 10만 달러 이상을 버는 사람의 90퍼센트가 판매업에 종사하고 있다고 한다. 내 예상 또한 그렇다. 주변의 백만장자 친구들과 멘토들 모두 이익을 남기는 일을 업으로 삼고 있다. 이 중 누구도 월급으로 부자가 된 경우는 없었다.

# 시나몬 오일
# 한 병으로 시작한
# 첫 사업

My First Business
Started with
a Bottle of
Cinnamon Oil

초등학교에 다닐 때 나는 시나몬 향이 나는 이쑤시개를 친구들에게 팔았다. 내 생애 첫 사업이었다.

동네 약국에서 시나몬 오일을 사서 매일 저녁 이쑤시개를 오일에 담가두었다가 다음 날 학교에 가져가 팔았다. 오일 한 병으로 약 2주간 이쑤시개를 만들어 팔 수 있었다.

오일 한 병에 10달러가 채 안 되었는데 2주간 20달러 정도의 이익을 남겼던 것 같다. 초등학생이 처음 벌어들인 수입치고는 나쁘지 않았다.

중학생이 되자 부모님은 점심값으로 매일 3달러씩 주셨다. 등굣길에 마트에 들러 한 개에 10센트인 길쭉한 껌 서른 개를 구매한 후 학교에 가서 아이들에게 개당 25센트에 팔았다. 한번 계산해보길 바란다. 점심값 3달러를 밑천으로 오전 시간 동안 7달러 50센트를 벌고, 점심으로 1달러짜리 밀크셰이크를 사 먹은 후 6달러 50센트를 남겨 집에 돌아왔다.

고등학교에 진학해서는 사회 분위기상 일자리를 찾기 시작했다. 누구나 으레 그렇게 하던 때였다. 이후 10년가량 급여를 받는 생활을 했고, 그 기간 동안 단 한 번도 내가 벌어들이는 소득에 만족한 적이 없었다. 급여에서 세금으로 빠져나가는 금액을 보면 한숨부터 나왔다.

때때로 물건을 사고 되팔아 부수입을 올리기도 했으나 급여를 받으며 살던 10년간의 내 삶은 전적으로 급여에 얽매여 있었다. 수익뿐만 아니라 부에 관한 사고방식도 갇혀 있었다.

백만장자 중 누구도
월급으로 부자가 된 경우는
없었다.

# 월급쟁이가
# 사업에
# 눈뜨다

How to Start
Making
Good Money

고등학교를 졸업한 후 나는 골프를 배우기 시작했다. 그리고 용돈 벌이 삼아 친구 한 명과 골프장을 돌며 물에 빠진 골프공을 건져다가 중고 골프용품 가게에 팔았다. 우리는 두어 시간 만에 무려 수백 개의 공을 주웠고, 이 짧은 노동의 대가로 각각 40~50달러를 벌었다. 당시 시급 5달러를 받으며 일했던 내게는 굉장히 큰돈이었다

요즘은 물에서 건져낸 중고 골프공을 월마트에서 구매할 수 있다. 그때 나는 100만 달러 가치의 사업 아이디어를 갖고 있었지만 미처 깨닫지 못했던 것이다. 2년 동안 셀 수 없이 많은 골프공을 판매하며 수천 달러를 벌었다.

당시에는 급여를 받는 일도 계속 하고 있었다. 중산층의 사고방식에 젖어 있던 나는 그게 옳다고 여겼다.

우리 집안은 중산층에서도 하위에 속해 있었다. 아버지는 동네 소규모 정비소에 자동차 부품을 팔았고 1년에 2만 5,000달러도 벌지 못했다. 나는 아버지에게 얼마 안 되는 내 급여에 대해 불만을 토로했다. 아버지는 내게 인근 지역에서 자동차 부품을 매매하는 일을 해보면 어떠냐고 제안했다. 당시 내가 하던 일보다 품도 덜 들고 돈도 더 벌 수 있다면서 말이다. 자동차 부품 관련 일을 좋아하지 않았던

나는 아버지의 조언을 따르지 않았다.

여러 일을 전전하던 나는 골프장에서 카트 직원으로 취직했다. 여러모로 완벽한 일이었다. 시급 5달러에 팁도 받았고, 저녁마다 카트가 회수되기 전까지 골프공을 주울 시간도 확보할 수 있었다. 중고 골프공을 판매해서 버는 수익 외에도 평균적으로 한 시간에 8달러 정도를 벌었다.

골프장에서 일했던 2년 동안 골프 실력도 크게 향상되었다. 80타 이내를 치는 실력이 되고 나서 프로 골퍼가 되기로 결심했다.

나는 컨트리클럽 내 프로 선수가 운영하는 골프용품 매장에 견습생으로 취직했다. 시급은 8달러였지만 팁을 받거나 골프공을 주워 팔 수 없었으므로 소득은 전과 비슷한 수준이었다. 하지만 크게 신경 쓰지 않았다. 프로 골퍼가 되어 큰돈을 만지게 될 거라고 생각했기 때문이다.

프로 골퍼가 되기 위해 PGA 시험을 두어 차례 쳤지만 80타의 벽을 깨지 못했다. 긴장감을 이겨내지 못한 탓이었다. 나는 클럽 프로가 되는 것으로 목표를 수정했다. 당시 LPGA 코스에서 일하고 있던 나는 한 클럽 프로에게 얼마나 경력을 쌓으면 괜찮은 수입을 벌 수 있는지 물었다. 그런데 그의 대답은 내 희망을 산산이 부수었다.

"키스, 솔직하게 말할게. 경력을 더 쌓아야 할 거야. 좀 더 높은 자리에 올라가려면 적어도 5~6년은 있어야 해."

그 이야기를 듣는 순간 눈앞이 아찔해졌다. 소득을 높이려고 5~6년이나 기다릴 생각은 전혀 없었다. 다시 나는 아버지에게 투덜거렸다. 이번에 아버지는 내 구미가 당길 만한 제안을 했다. 차량 에어컨에 들어가는 프레온 가스를 판매하는 일이었다.

# 위기의 순간에
# 찾아온
# 새로운 사업 기회

Turning Crisis
into Business
Opportunities

당시 정부에서 프레온 가스에 과중한 세금을 매겨 프레온 가스 가격이 말도 안 되게 치솟고 있었다. 아버지는 프레온 가스 한 통당 180달러에 구매해 200~210달러 선으로 되팔면 될 것 같다고 말했다.

아버지의 판단이 옳았다. 시험 삼아 몇 통 구매한 프레온 가스가 순식간에 다 팔렸다. 몇 주 후 소매점에서 판매되는 프레온 가스는 한 통에 250달러였지만 나는 도매로 200달러에 사서 팔 수 있었다.

프레온 가스 두 통을 판매하고 몇 시간 만에 100달러를 벌어들인 후 바닷가에 가서 놀았다. 한 번에 열 통씩 구매하던 고객이 있었던 터라 몇 주에 한 번씩 이 고객이 주문을 하면 나는 하루에 500달러를 버는 셈이었고, 그 주는 장사를 접고 실컷 놀았다. 지금 생각해보면 당시의 나는 너무 어리석었다!

내가 어리석었다고 말한 데에는 두 가지 이유가 있다. 첫째, 놀지 않았다면 훨씬 큰돈을 벌 수 있었을 것이다. 둘째, 이런 호황기가 계속되리란 착각에 빠져 있었기 때문이다. 얼마 지나지 않아 좋은 시절은 끝이 났다. 몇 달 후 프레온 가스 한 통에 500달러까지 뛰었다. 재고를 쌓아두었던 대기업만이 프레온 가스를 유통할 수 있었다. 당연하게도 대기업에서는 도매로 물건을 넘기지 않았다.

그 무렵 운명처럼 한 경매 행사에 들를 기회가 생겼다. 그곳에서는 굉장히 다양한 물건이 믿을 수 없을 정도로 싼 가격에 거래되고 있었다. 특히 가구는 정말 저렴한 가격에 구매할 수 있었다. 나는 경매 행사가 벌어지는 곳을 찾아다니며 물건을 사서 벼룩시장에 되파는 사업을 시작했다.

매주 경매에 참여하다 보니 중고 가구점을 운영하는 한 남자를 알게 되었다. 그는 좋은 트럭을 몇 대나 보유하고 있었고 보트도 있었으며 넓은 대지 위에 지어진 큰 집에서 살고 있었다. 사실 그는 중산층에서 조금 상위에 속한 정도의 경제력이었지만 (당시 가난했던 내 눈에는) 무척 부유해 보였다.

그의 성공한 모습을 눈여겨본 후 중고 가구점을 시작해야겠다고 생각했고 곧바로 가구점을 열었다. 그때까지만 해도 연수입이 2만 달러를 넘지 못하는 수준이었다. 중고 가구점을 연 후 수입이 세 배나 껑충 뛰었다. 첫해에만 5만 달러 이상의 수입을 거두었다. 가구점을 시작한 이듬해에 결혼도 했다.

이익을 만드는
법을 깨달으면
벌 수 있는 돈의
한계는 없다.

# 부동산 투자로
# 백만장자가 되다

Become a Millionaire
by Investing
in Real Estate

하루는 운전을 하고 가다 창문에 점포 폐업을 내건 소규모 가구점을 보게 되었다. 당시 내 가게보다 훨씬 좋은 위치에 자리하고 있던 터라 나는 곧장 가구점에 들어가 임대가 가능한지 문의했다.

가구점 사장에게서 다음 달은 되어야 들어올 수 있다는 답변을 받았다. 다행히 임대 계약에 대해 물어볼 건물주가 그 건물 옆에 살고 있었다. 나는 곧장 옆 건물로 가 건물주를 만났다. 무척 비쌀 거라는 예상과 달리 지금 내는 월세보다 겨우 100달러 비싼 임대료를 확인하고는 뛸 듯이 기뻤다. 아내에게 제일 먼저 전화해 가게를 옮길 것이라는 소식을 알렸다.

원래는 기존처럼 고급 중고 가구 판매점을 하려고 했으나 점포 폐업을 내건 가구점 주인과 이야기를 나누던 중 그가 우리보다 훨씬 많은 돈을 벌었다는 것을 깨닫고는 방향을 틀었다. 그처럼 침실 가구와 1인용 침대, 소파 겸용 베드를 판매하기로 결심했다. 새로운 장소에서 새로운 사업을 시작한 첫해 수입이 7만 달러였다.

새 사업장을 운영할 당시 소파 겸용 베드 프레임을 구매하던 거래처 사장과 친분을 쌓았다. 그는 소파 관련 가구

수익을 극적으로
올리기 위한 첫걸음은
월급쟁이 마인드에서
벗어나는 것이다.

매장을 두 곳이나 운영하고 있었고 사업도 꽤 잘되는 것 같았다. 그의 매장을 모두 둘러본 아내는 침실 가구나 1인용 침대는 접어두고 소파 겸용 베드에만 주력하는 것이 좋겠다고 했다.

처음에는 아내의 의견에 반대했지만 한 달쯤 지난 후 한 번 도전해보기로 결심했다. 침실 가구 세트 하나, 1인용 침대 하나가 팔릴 때 소파 겸용 베드는 열 개나 팔렸기 때문이다. 결과가 어땠는지 아는가? 소파 겸용 베드라는 틈새시장을 공략해 수입이 또 한 번 크게 늘었다! 그해 나는 약 10만 달러의 수입을 거두었다.

이후에도 여러 사연이 있지만 결과적으로 우리 부부가 부동산 투자를 시작했다는 것으로 간략하게 설명하고자 한다. 우리는 2~3년 만에 부동산 일곱 채를 매입해 순자산 100만 달러를 달성했다. 골프장에서 월급쟁이 생활을 계속했다면 시급 12달러에서 세금을 떼고 2만 달러가 안 되는 연수입으로 생활해야 했을 것이다.

월급은 서서히 오른다. 하지만 이익을 위해 일하면 단기간 내 극적으로 수입을 늘릴 수 있다. 월급을 받지 않은 지

는 10년 가까이 되었고, 앞으로도 월급을 받으며 생활하고
싶은 마음은 전혀 없다.

백만장자가 되고 싶다면 이익을 내기 위해 일하는 법을
터득해야 한다.

## ● 백만장자의 특별한 질문 ●

**Q1. 현재 당신의 연수입은 얼마인가?**

---

---

---

---

**Q2. 당신이 이제까지 어떻게 수익을 높여왔는지 생각해보자.**

---

---

---

---

**Q3. 당신이 만약 수익을 높이기 위해 새로운 일에 도전한다면 무엇을 할
수 있을지 생각해보자.**

---

---

---

# THE RICH

# 항상 감사하며 베풀어라

## DISTINCTION 4

백만장자는 항상 베풀 대상을 찾고
보통 사람은 베풀 여유가 없다고 생각한다

어느 날, 점심거리를 사려고 샌드위치 가게에 들렀다. 열아홉 살 정도 되어 보이는 남학생이 주문을 받았다.

　내가 주문한 샌드위치 가격은 5달러가 안 되었다. 그렇지만 나는 학생에게 10달러를 내밀었다. 학생이 내게 5달러짜리 지폐 한 장과 동전 몇 개를 거슬러주었을 때 나는 동전만 받고 5달러는 다시 학생에게 건넸다.

　"팁입니다."

　내가 말했다. 잠시 당황스러운 표정을 짓던 학생은 내게 물었다.

　"진짜요?"

　"네."

　"세상에나!"

　나의 대답에 그가 크게 소리쳤다. 도무지 믿기 어려운 모양이었다. 겨우 5달러짜리 지폐에 그가 보인 반응은 상당히 놀라웠다.

# 돈으로부터
# 진정한 자유를
# 얻는 법

Make Sure
Money Never
Controls You

일주일쯤 지난 후 다시 샌드위치 가게에 방문했다. 이번에는 나이가 좀 있는 여성 종업원이 있었다. 내가 주문한 샌드위치 가격은 8달러 정도였고 나는 종업원에게 20달러 지폐를 건넸다. 그녀가 거스름돈을 내밀자 나는 몇 달러만 챙기고 10달러를 그녀의 손에 쥐어주었다.

"여기요. 받으세요."

그녀는 놀란 눈으로 이렇게 물었다.

"진심이세요?"

"그럼요. 신의 축복이 늘 함께하길 바라요."

"할렐루야! 하느님 감사합니다!"

그녀는 큰 소리로 외쳤다. 그녀의 행복한 얼굴을 본 뒤에 가게 문을 나서는 내 얼굴에도 미소가 떠올랐다. 5달러나 10달러로 무엇을 산다 해도 두 사람을 보며 내가 느낀 행복만큼 나를 기쁘게 하지는 못했을 것이다.


무언가를 나누고 베푸는 행위는 항상 기쁘고 즐거운 일이다. 나는 전혀 모르는 낯선 사람들에게 돈을 나누어준 적이 수없이 많다. 물론 앞으로도 이러한 베풂을 계속할 생각이다.

한 영성 지도자는 한 가지 시험을 통해 당신이 돈을 소유하고 있는지, 반대로 돈이 당신을 통제하고 있는지를 알아볼 수 있다고 했다. 바로 내 것을 타인에게 내어주는 것이다. 기꺼이 그럴 수 있다면 당신이 돈을 소유하고 통제하고 있다고 볼 수 있다. 만약 그럴 수 없다면 돈이 당신을 소유한 것에 가깝다.

타인을 향한 나눔과 베풂이
습관이 되면
돈이 당신을 통제하는
데서 벗어날 수 있다.

# 작은 베풂이
# 상대방을
# 변화시킨다

Your Small Act of
Generosity
Can Change
Someone's Life

트럭을 몰고 시내에 나간 어느 날이었다. 밤 9시쯤이었는데 비가 온 탓에 날씨가 제법 쌀쌀했다. 그때 길가를 걷고 있는 한 여성을 지나쳤다. 낯선 사람을 차에 태운 적이 없었지만 그날따라 차가운 비를 맞으며 걷고 있는 여성이 안쓰러워 보였다. 트럭을 돌려 여성에게 차를 타겠냐고 물었다. 그녀는 고개를 끄덕이며 보조석에 앉았다. 어디서 내려주면 되겠냐고 묻자 그녀가 목적지를 알려주었다.

다시 트럭이 달리기 시작했고 몇 초간 정적이 흘렀다. 갑자기 그녀가 이렇게 물었다.

"만져드릴까요?"

나는 매춘부를 차에 태운 것이었다! 잠시 당황했지만 크게 웃으며 말했다.

"아니요. 만지면 안 되죠."

"경찰인가요?"

놀란 듯 그녀는 내게 물었다. 나는 다시금 웃어 보이고는 답했다.

"아뇨. 경찰은 아닙니다."

"그러면 왜 못 만지게 하는 거죠?"

그녀에게 결혼반지를 보여주며 말했다.

"행복한 가정이 있으니까요."

그녀는 진심으로 내게 사과했다. 나는 그녀에게 물었다.

"혹시 제가 돈을 얼마라도 드리면 오늘 밤은 길거리에서 헤매고 다니지 않아도 됩니까?"

"그럼요! 당연하죠!"

그녀는 즉시 답했다. 어쩌다가 돈을 벌기 위해 매춘까지 하게 되었느냐고 물었다. 그녀는 무거운 목소리로 답했다.

"아이가 둘인데 먹을 것을 사야 하거든요. 지금은 친정 엄마가 애들을 봐주고 계세요."

그녀의 대답에서 진심이 느껴졌다. 나는 마트에 가서 필요한 것을 고르면 내가 대신 결제해주겠노라 말했다. 잠시 머뭇거리던 그녀는 고개를 끄덕였다.

마트에 도착하자 그녀는 편히 물건을 고르지 못했다. 우유와 빵 두 개만 겨우 카트에 넣었다.

"다른 거 더 필요한 건 없어요?"

내 질문에 우물쭈물하는 여성을 향해 다시 물었다.

"피넛버터와 젤리, 시리얼은 어때요?"

그녀는 고개를 끄덕였다. 나는 쿠키와 몇 가지 음식을 더 담았다. 모두 다 해 40달러 조금 넘게 나왔다.

주차장에 올 때까지 그녀는 내게 몇 번이나 감사 인사를 전했다.

다시 트럭에 탄 후 어디에 사는지 물었다. 그녀는 처음 그녀를 태웠던 도로에서 약 5킬로미터 떨어진 트레일러 촌에 살고 있었다. 그녀가 사는 트레일러에 다다르자 한 나이든 여성이 현관 앞에 앉아 있는 것이 보였다. 내 차에 타고 있던 여성은 트럭에서 내리며 소리쳤다.

"엄마! 엄마! 여기 이분이 먹을 것을 사주셨어. 애들이 아침에 우유를 마실 수 있다고요!"

그러고는 이렇게 덧붙였다.

"아, 그리고 이분은 아내를 무척 사랑하신대요!"

여성의 어머니가 현관에서 일어나 트럭으로 몇 걸음 다가오더니 내게 물었다.

"천사이신가요?"

"뭐, 그럴지도요."

나는 미소를 지으며 이렇게 답했다.

젊은 여성은 음식이 가득 담긴 봉투를 어머니에게 건네고는 내게 몇 번이나 고맙다고 말했다. 트레일러로 들어가려는 여성에게 내가 외쳤다.

"잠깐만요. 잠시 이쪽으로. 드릴 게 있어요."

내게 다가온 그녀에게 100달러를 내밀었다. 그녀는 무슨 상황인지 의아해했다.

"나중에 필요할 때 이 돈으로 먹을 것을 사세요. 좋은 밤 보내요."

그녀는 또 한 번 감사 인사를 했다. 나는 트럭으로 돌아와 집으로 향했다.


주변을 둘러보면 매일 누군가에게 무언가를 베풀 기회가 있다. 물론 돈이 아니어도 된다. 상황에 따라 도움이 될 수 있는 것이라면 뭐든지 좋다. 베푸는 삶만큼 우리를 행복하게 하는 것은 없다. 인색한 태도는 삶을 불행으로 이끈다.

내가 한 일이 그녀의 문제를 장기적으로 해결하는 데는 도움이 되지 않았겠지만 그날 저녁 집에 돌아간 후 그녀가 어떤 결심을 하거나 삶의 방향이 달라졌을지는 아무도 모르는 일이다.

내가 성공학에 대한 책을 쓰고 세미나를 개최하는 이유 중 하나는 사람들이 장기적인 발전을 하는 데 필요한 지식을 전달하기 위해서다.

실제로 장기적인 변화를 이끌어낼지 확신할 수 없지만, 일단 필요한 지식을 갖춘 후 이들이 마음만 먹는다면 가능한 일이다. 사람이 변화하는 데는 큰 결심이 필요한데 그 동기가 때로는 주위 사람의 응원과 따뜻한 마음, 진실한 도움이 될 수 있다고 나는 믿는다. 거기에 필요한 지식이 갖춰져 있다면 작은 동기부여로도 사람은 변화할 수 있는 것이다.

# 뿌린 대로
# 거둔다

You Reap
What You Sow

핼리팩스강 옆 공원에 트럭을 세워두었을 때였다. 차 안에서 아버지와 가구점을 한 곳 더 오픈하는 것에 대해 상의하고 있었다. 아버지와 여러 대안을 논의하던 중 건너편 낡은 차에 한 젊은 남성이 앉아 있는 모습이 보였다. 허공을 응시하며 깊은 생각에 빠져 있는 듯했다.

순간 그에게 100달러를 건네야겠다는 충동이 강하게 일었다. 나는 아버지와 대화를 마친 뒤 트럭에서 내려 그의 차로 다가갔다.

열린 창문 사이로 그를 향해 말했다.

"저기요."

그는 놀란 표정으로 나를 올려다봤다. 그가 무슨 말을 하기 전에 내가 먼저 입을 뗐다.

"이걸 전해드리고 싶어서요. 신의 가호가 함께하길 빈다는 말도 하고 싶었어요."

그는 100달러짜리 지폐를 바라보고는 천천히 손을 내밀어 가져간 후 아무 이야기도 하지 않았다. 말문이 막힌 듯 보였다. 어색해진 나는 다시 말했다.

"신의 가호가 함께하길."

"잠시만요."

그는 한 걸음 물러나는 나를 불러 세웠다. 차로 다시 다가가자 그는 이렇게 말했다.

"아, 저는 책을 읽던 중이었어요."

손에 들린 책이 그제야 보였다. 그는 제목이 보이게끔 내쪽으로 책을 돌렸다. 《신의 창조적인 힘》The Creative Power of God이라는 제목의 작은 책이었다. 나는 미소를 지으며 다시 그에게 말했다.

"신의 가호가 있길 바라요."

별다른 대꾸가 없는 그를 뒤로하고 트럭으로 돌아와 그곳을 떠났다.


이번에도 물론 내가 그의 문제를 해결했다고는 할 수 없다. 하지만 당시 그가 어떤 생각을 하고 있었을지는 아무도 모른다. 어쩌면 신께 기도를 올리던 중이었고 내가 건넨 100달러가 그에게는 신의 계시처럼 느껴졌을 수도 있다.

내 경험담을 통해 들려주고 싶은 메시지는 하나다. 타인에게 베풀어야 한다는 것이다. 모든 백만장자가 베푸는 삶을 실천하는 것은 아니지만 행복한 백만장자들은 그렇다! 대부분의 백만장자는 뿌린 대로 거둔다는 신념을 지니고 산다. 이들은 돈을 씨앗으로 여긴다. 백만장자는 타인에게 무언가를 베풀 때 자신이 더 큰 복을 받게 되리라는 것을 알고 있다.

이들은 그저 잘 베풀 뿐 아니라 타인의 베풂도 잘 받아들인다. 그간 베풀어온 만큼 자신도 타인의 도움을 받을 자격이 있다고 여긴다. 내 경험에 비춰보면 사람들은 남들에게서 무언가를 받는 것을 상당히 어려워한다. 아마도 스스로 그럴 만한 자격이 없다고 여기는 것 같다. 베풀어본 적이 없으니 그렇게 생각하는 것이 당연하다.

# 베푸는 사람이
# 더 행복하다

It Benefits the Giver
as Much as,
Maybe Even More
Than the Receiver

아내와 나는 노스캐롤라이나주의 샬럿에서 열리는 컨퍼런스에 참석했다. 미팅이 끝나고 밤 11시 30분쯤 되었을 무렵 배가 무척 고팠다. 차를 타고 번화가의 쇼핑몰을 지나던 중 피자 가게를 발견했다.

우리는 피자를 주문하고 주차장으로 돌아와 피자가 나오길 기다리고 있었다. 나는 차 옆에 서 있었고 아내는 문을 열어둔 채 차 안에 앉아 함께 음악을 들었다.

그때 열 살에서 열다섯 살 정도의 남자 아이들 여덟 명이 쇼핑몰 앞을 지나고 있었다. 나는 본능적으로 이 아이들이 우리에게 시비를 걸어올 것 같다는 느낌을 받았다. 속으로 잠깐 신의 가호가 있길 기도했다.

아이들이 우리 차 근처를 지날 때쯤 가장 어려보이는 아이가 보도를 벗어나 내 쪽으로 다가왔다. 가장 큰 아이가 어린 소년의 팔을 잡더니 "하지 마. 그만둬!" 하고 말렸다. 남자 아이들은 그대로 쭉 걸어가 쇼핑몰 뒤편 골목으로 사라졌다.

아내는 아이들을 보긴 했지만 위협은 전혀 감지하지 못한 듯 보였다. 아까 그 아이들에게 피자를 사주면 어떻겠냐고 아내에게 물었다. 아내는 웃으며 그렇게 하자고 답했다.

베푸는 삶만큼 우리를
행복하게 하는 것은 없다.
인색한 태도는
삶을 불행으로 이끈다.

쇼핑몰 뒤편으로 가니 약 18미터 떨어진 곳에 아이들이 보였다. 내게 시비를 걸려 했던 가장 어려 보이는 아이가 나를 발견하고 이렇게 말했다.

"저기 좀 봐."

그런 후 바지에서 총을 꺼내 내 얼굴을 향해 곧장 겨누었다. 가장 나이가 많아 보이는 아이가 아까처럼 그 아이를 말린 후 총을 빼앗았다. 그러더니 나를 향해 물었다.

"아저씨, 뭐예요?"

"너희들이 괜찮다면 피자를 사주고 싶어서."

약간 겁이 났지만 나는 이렇게 말했다. 큰 아이가 내게 물었다.

"진짜예요?"

"그럼."

"왜 우리한테 피자를 사주고 싶은데요?"

아이가 물었다. 나는 이렇게 말했다.

"그냥 너희한테 뭔가를 해주고 싶어서. 피자 먹을래?"

큰 아이가 "좋아요." 하고 답하자 아이들이 모두 내 쪽으로 다가왔다. 어떤 피자를 원하는지 묻고는 가게로 들어가 주문을 했다.

내가 가게에서 피자를 주문하는 동안 아이들은 아내에게 가서 내가 경찰인지, 자신들을 잡아넣으려는 수작인지 물었다. 아내는 그런 게 아니라고 답했다. 그러자 아이들은 그럼 왜 피자를 사주는지 물었고, 아내는 우리가 베푸는 것을 좋아하는 것뿐이라고 설명했다.

가게 밖으로 나와 피자를 기다리며 아이들에게 꿈이나 장래희망을 물었다. 미래에 대한 별다른 계획이 없어 보였다. 아이들은 속을 터놓기 싫은지 말을 아꼈지만 피자가 나오자 감사 인사를 했다. 나는 아이들에게 좋은 일이 생길 거라고 믿는 것이 중요하다는 이야기를 한 후 헤어졌다.


베풂은 이 세상에 친절함과 사랑이 있다는 것을 많은 사람들에게 알리는 행위다. 도움을 받는 사람만큼, 어쩌면 도움을 받는 사람보다 베푸는 사람에게 훨씬 더 유익한 결과를 가져온다.

## ● 백만장자의 특별한 질문 ●

Q1. 지금까지 살아오면서 도움을 받은 적이 있는가?

Q2. 최근에 누군가에게 베푼 적이 있는가? 그때 기분은 어땠는가?

Q3. 누군가에게 베풀기 위해 지금 할 수 있는 일은 무엇인가?

# THE RICH

# 다양한
# 수입원을
# 확보하라

## DISTINCTION 3

**백만장자는 수입원이 여러 개지만
보통 사람은 한두 개의 수입원만 있다**

돈을 물고기라고 생각해보자. 만약 어부에게 낚싯대가 두 개라면 물고기를 더 많이 잡을 수 있지 않을까? 당연한 소리다. 물고기를 잡을 확률이 높아진다.

그렇다면 낚싯대가 다섯 개라면? 물에 드리운 낚싯대가 많을수록 물고기를 잡을 확률은 물론, 잡을 수 있는 물고기의 수도 많아진다.

돈도 마찬가지다. 수입원을 다양하게 개발한다면 백만장자가 될 확률도 높아진다. 한 가지 일에만 몰두해 백만장자의 반열에 오른 사람이 한 명이라면 다양한 수입원을 확보해 경제적 자유를 얻은 백만장자는 열두 명쯤 된다고 보면 된다.

# 자동으로
# 돈이 들어오는
# 시스템을 만들어라

Focus on
Making
Passive Income

여러 개의 수입원을 확보하는 비결은 바로 '수동적 소득' passive income(임대, 이자, 배당 등 능동적인 경제 활동 없이 창출되는 소득의 종류로 흔히 불로소득이라 부른다 — 옮긴이)을 발생시키는 것이다. 여기서 수동적이란 일을 할 필요가 없다는 뜻이 아니다. 관리와 운영에 시간과 수고를 최대한 적게 들인다는 의미다.

백만장자는 자신이 직접 운영하는 것보다 사업을 더 잘 운영해줄 팀을 꾸리는 데 타고난 감각이 있다. 대부분의 사람들이 수입원을 다양하게 늘리지 못하는 이유는 뭐든지 자신이 직접 해야 한다는 생각 때문이다. 모든 것을 자신의 손으로 해야 한다는 생각이 경제적 성장을 가로막는 가장 큰 걸림돌이다. 그뿐 아니라 당신 외에 다른 사람이 내 일을 대신할 수 없다는 믿음은 상당히 교만한 발상이다.

백만장자는 이와 다르게 생각한다. 세상에는 재능이 넘치는 사람들로 가득하다는 걸 알고 있다. 백만장자들은 자신만큼, 어쩌면 자신보다 더 잘할 수 있는 사람을 구할 수 있다고 믿는다. 보통 사람들과는 정반대의 사고방식을 갖고 있다.

# 먼저 팀을
# 꾸려라

Build
a Team

백만장자는 절대 혼자 일하지 않는다. 그들은 다양한 사람들이 한데 잘 어우러져 일하게 만드는 특별한 능력을 갖고 있고, 이 덕분에 큰 이득을 얻는다. 하지만 이런 능력은 단숨에 얻을 수 있는 것이 아니다. 서로의 차이를 수용하고 받아들이는 분위기를 만들고 각자의 능력에 맞게 업무를 안배할 줄 알아야 한다.

사람들이 상호 협력하며 일하게 하기 위해서는 서로 신뢰하는 환경을 조성해야 한다. 백만장자는 경쟁이 아니라 상호 보완할 수 있는 사람들로 팀을 꾸린다. 팀 내 경쟁의식이 높아지면 서로를 신뢰하는 분위기가 형성되기 어렵다. 누가 가장 큰 공을 세웠는지 따지고 계산하지 않을 때 상상도 못할 성과가 따라온다. 한 명의 능력치가 아무리 대단해도 서로를 믿고 최선을 다하는 팀이 함께할 때 훨씬 큰 성과를 달성할 수 있다.

팀원들끼리 신뢰를 형성하기 위해선 규칙을 정해야 한다. 팀원들이 반드시 지켜야 하는 규칙이다. 팀을 꾸리기 시작하는 단계라면 팀원들이 직접 규칙을 세우도록 하는 것이 도움이 된다. 기존 팀에 새 팀원을 들이는 상황이라면 팀 내 규칙을 따라야 한다는 것을 분명히 하고, 동의하지 않는 사람은 팀에 합류시키지 않아야 한다. 규칙을 어기는 팀원에 대해서는 팀 차원에서 문제를 시정해야 한다.

규칙에 위배되는 행동을 하는 사람에게 마땅한 책임을 물어야 규칙이 효력을 발휘한다. 따르지 않아도 되는 규칙이라면 존재할 이유가 있을까? 처음 팀을 구성할 때 다른 팀원의 지적을 수용할 줄 아는 사람들로 팀을 꾸려야 한다. 잘못을 지적했을 때 화를 내거나 불쾌하게 여기는 사람은 태도를 바꾸거나 팀을 나가도록 해야 한다.

승리하는 팀에는 분노가 자리할 여유가 없다. 분노는 교만함의 표현이다. 겸손함에는 위대한 힘이 있고, 겸손한 태도를 갖춘 팀은 위대한 성과를 낼 수 있다.

겸손한 사람은 배움에도 열려 있다. 백만장자는 사업을 효과적으로 운영하기 위해서라면 무엇이든 배울 준비가 되어 있다. 이들은 매출이 곧 수익이며, 막대한 수입은 신뢰를 바탕으로 한 팀에서 나온다는 것을 잘 알고 있다.

# 백만장자는
# 결코 혼자서
# 돈을 벌지 않는다.

# 자산을
# 더욱 빠르게
# 늘리는 법

Miracle
in Your
Financial Life

나의 멘토인 니도 쿠베인이 말한 '의도적 일치'intentional congr-uence(개인의 인생에서 일, 가치, 흥미 등이 긴밀히 연관되어 서로를 보조하고 함께 성장해 나가는 이상적 상태를 말하며, 이 책에서는 비즈니스를 중점으로 설명하고 있다 — 옮긴이)의 개념에 대해 살펴보자. 성공적으로 다양한 수입원을 만들기 위해 반드시 알아야 할 개념이다.

의도적이란 무언가를 고의로 행하는 것으로 계획이나 심사숙고한 끝에 탄생한 결정이다. 그리고 일치란 연결성, 연관성, 동조를 의미한다. 연관된 것들이 조화롭게 운용되는 것을 뜻한다.

의도적 일치는 주로 초고소득층이 잘 활용한다. 치밀한 계획을 바탕으로 각각의 수동적 소득원이 상호 보완적인 관계를 유지하도록 만드는 것이 의도적 일치의 핵심이다.

새로운 수입원이 될 사업이나 일을 시작할 때는 오롯이 여기에만 집중해야 한다. 집중력은 강력한 힘이자 세상의 모든 백만장자가 지니고 있는 무기다.

자신의 삶에 의도적 일치를 적용하기 위해서는 두 가지에 집중해야 한다. 삶이라는 큰 그림에서 몇몇 특정한 요소에 레이저처럼 좁고 강렬하게 집중력을 발휘해야 한다. 또한 특정 인물을 밝게 비추는 스포트라이트처럼 삶을 전체적으로도 살필 줄 알아야 한다.

단 한 가지 일에만 집중하는 것은 그다지 어려운 일이 아니다. 그러나 큰 그림을 보면서 세부 구성 요소가 잘 굴러가도록 만드는 일은 집중력 높은 사람만이 할 수 있다. 수동적 소득이 발생하는 한, 두 가지 수입원보다야 서로 상관없는 여러 개의 수동적 소득원을 확보하는 편이 훨씬 낫다. 또한 여러 개의 수동적 소득원을 유기적으로 연계시키는 법을 배운다면 시간이 흐를수록 수입이 눈덩이처럼 불어날 것이다.

낚싯대는 하나보다
여러 개일 때
물고기를 더 많이 잡으며,
어망을 이용하면
물고기의 양은 더욱 늘어난다.
백만장자는 부를 축적하는
어망을 여러 개
이용할 줄 아는 사람이다.

# 비즈니스의
# 시너지 효과를
# 극대화하라

Develop Businesses
That Are Congruent
with Each Other

어부의 이야기로 다시 돌아가보자. 낚싯대 하나보다는 네다섯 개를 설치하는 편이 훨씬 많은 물고기를 잡을 수 있다는 것은 자명한 사실이다. 하지만 의도적 일치는 낚싯대를 많이 설치하는 것보다 훨씬 뛰어난 성과를 얻을 수 있다. 의도적 일치는 어망을 던지는 것과 같다.

자, 낚싯대를 여러 개를 두는 쪽과 어망을 던지는 쪽, 이 두 사람 중 누가 더 많이 물고기를 잡을 것 같은가? 의도적 일치는 당신이 몸담은 모든 비즈니스를 한데 어우러지게 하고 각 비즈니스를 상호 보완적으로 설계해 더 큰 수익을 거둘 수 있도록 해준다.

의도적 일치의 가장 중요한 원칙은 '의도성'이다. 의도적 일치는 우연히 발생하는 것이 아니다. 현재 수입원이 하나 있고 새로운 수입원을 확보하고 싶다면, 새로운 수입원이 기존의 수입원을 보완하고 첫 번째 수입원이 새로운 수입원을 뒷받침하도록 의도적으로 설계해야만 한다.

1. 수입원들이 시너지를 내고 있는가?
2. 첫 번째 수입원을 바탕으로 두 번째, 세 번째 비즈니스를 시작할 수 있는가?

투잡과 의도적 일치는
전혀 다르다.
투잡은 두 일이 유기적으로
연결되어 있지 않지만,
의도적 일치는
상호 보완적이라
자산이 불어나는 속도가
상상 이상으로 빠르다.

3. 상호 신뢰성을 보장하는 관계가 형성되어 있는가?
4. 첫 번째 수입원의 고객을 두 번째, 세 번째 비즈니스의
   고객으로 끌어올 수 있는가?


의도적 일치는 많은 사람들에게 알려지지 않은 비교적 낯선 개념인 데다 상당한 고민과 계획이 필요한 일이다. 여러 개의 비즈니스가 유기적으로 작동하도록 만드는 데는 시간이 걸린다. 하지만 시간이 흐를수록 의도적 일치를 통해 자산이 기적처럼 불어나는 경험을 하게 될 것이다.

보통 사람들은 다양한 수입원을 확보하기 위해서는 이 일 저 일 벌이고 정신없이 뛰어다녀야만 한다고 생각한다. 다시 말하지만 이렇게 생각하는 데는 모든 일을 자기가 직접 해야 한다고 믿기 때문이다. 두 가지 이상의 수입원이 있는 사람은 보통 투잡two job을 하는 경우가 많다. 단언컨대 두 번째 일은 첫 번째 일과 유기적으로 연결되어 있지 않을 것이다.

수동적 소득원에 집중하고, 팀을 꾸리고, 의도적 일치를 적용한다면 이리저리 뛰어다닐 필요가 전혀 없다. 다만, 한 가지 명심할 것은 부정적인 사고방식이 새로운 일을 도전

하고 실행하는 것을 가로막지 않도록 항상 경계해야 한다는 점이다. 수동적 소득, 팀, 의도적 일치. 이렇게 세 겹으로 엮인 줄은 쉽게 끊어지지 않는다. 이 세 가지가 한데 엮여 탄탄한 재정적 기틀을 마련해줄 것이다.

## ◦ 백만장자의 특별한 질문 ◦

**Q1. 당신의 수동적 소득은 무엇인가?**

_____

_____

_____

_____

_____

**Q2. 다양한 수입원을 확보하기 위해 함께 일할 팀원이 있는가?**

_____

_____

_____

_____

_____

**Q3. 수동적 소득원을 유기적으로 연결시킬 방법을 고민해보자.**

_____

_____

_____

_____

# THE RICH

# 수익의
# 선순환 구조를
# 만들어라

## DISTINCTION 2

백만장자는 순자산을 늘리는 데 집중하고
보통 사람은 월급을 올리는 데 집중한다

'열심히가 아니라 영리하게 일하라'라는 말을 들어본 적이 있을 것이다. 순자산에 집중하는 것이야말로 영리하게 일하는 것이다. 월급을 받기 위해 일하는 것은 열심히 일하는 것에 가깝다.

백만장자가 경제적 자유를 얻은 이유는 순자산을 마련하기 위해서 열심히 노력했기 때문이다. 어느 수준까지 자산을 쌓은 후에는 언제든 하고 싶은 일을 할 자유를 누릴 수 있다.

보통 사람들은 매일 반복되는 삶에 갇혀 산다. 아침에 일어나 출근하고, 각종 고지서를 처리하고, 눈을 뜨면 또 출근하고…. 백만장자는 다르다. 아침에 눈을 떠 자신이 하고 싶은 일을 하고, 가족과 시간을 보내고, 자신이 지지하는 단체나 그룹에 기부하고, 멋진 곳으로 여행을 떠나고, 자산을 늘릴 수 있는 투자처를 끊임없이 찾는다.

# 백만장자에게
# 순자산이란

A Millionaire's
Definition of
Net Worth

순자산이란 자산에서 부채를 뺀 것을 말한다. 대다수의 사람들은 자신이 소유한 경제적 가치를 자산이라고 여긴다. 하지만 백만장자가 생각하는 자산의 개념은 조금 다르다. 재정적인 측면에서는 일반 사람보다 백만장자의 사고방식을 따르는 것이 현명하다고 생각한다.

백만장자에게 자산이란 경제적 가치가 있고 그에 더해 수동적 소득을 불러오는 수입원을 의미한다. 경제적 가치를 지닌 자산이 모두 수동적 소득을 발생시키지는 않는다. 그러니 이제부터 자산이란 '경제적 가치를 지니고 수동적 소득도 창출하는 것'으로 이해하길 바란다.

부채란 주택담보대출금, 자동차 할부금, 신용카드 대금, 학자금 및 개인이 받은 대출 등 변제해야 할 금액을 의미한다. 자신이 소유하고 있는 재산 가운데 경제적 가치가 있으면서 수동적 소득도 창출하는 자산에서 부채를 빼야 한다. 그것이 바로 순자산이다.

백만장자의 관점에서 수동적 소득을 발생시키지 않는 순자산은 아무런 의미가 없다. 백만장자는 순자산을 높이는 데, 즉 수동적 소득을 늘리는 데 집중한다.

월급을 받기 위해 열심히 일하는 것이 위험하고 그다지 현명하지 않다고 말하는 데는 두 가지 이유가 있다.

**첫째, 월급이 늘어나면 내야 할 세금도 늘어난다.**
**둘째, 월급이 높아질수록 타인의 손에 자신의 삶을 맡기는 비중도 커진다.**

백만장자는 자신의 재정 상황을 직접 통제한다. 보통 사람들은 자신의 재정을 타인의 손에 맡긴다. 월급을 받으며 일할 때 세금을 얼마나 내야 하는지 정하는 것은 정부다. 백만장자는 언제 얼마의 세금을 낼지 직접 결정할 수 있다.

직장인은 회사에 언제 정리해고의 바람이 불지 예측할 수 없다. 당신이 다음 달에도 회사에 다니게 될지는 전적으로 고용주에게 달렸다. 경제력이 타인의 의중에 달려 있는 만큼 한순간에 소득이 끊길 위험에 항시 노출되어 있다.

진구 누 명은 항공사 소속 조종사로 일하고 있다. 9·11테러 사건 이후 일자리가 사라지는 위험은 간신히 피했지만 하룻밤 새 월급의 30퍼센트가 삭감되었다. 당장 내일 소득의 30퍼센트가 줄어든다면 어떤 상황이 벌어질 것 같은가?

백만장자는 다음 달에도 내년에도 꾸준한 수입이 들어올

것임을 확실하게 알고 있다.

# 순자산을
# 늘리는
# 세 가지 열쇠

Three Keys
for Increasing
Your Net Worth

월급을 받는 삶이 나쁘다거나 잘못되었다는 게 아니다. 다만 힘든 노동과 불확실한 미래에 대해 지적하는 것이다. 오늘날 백만장자로 불리는 수많은 사람들 역시 과거에는 월급을 받으며 생활한 적이 있을 것이다. 그들은 어떻게 경제적 자유를 얻었을까? 월급을 자산으로 바꾸었기 때문이다. 백만장자라면 누구나 열심히 일하는 시기를 거쳤다. 이들은 자산을 확보하기 위해 열심히 일했다.

수동적 소득을 발생시키는 자산을 구축하는 것은 결코 쉽지 않은 일이다. 오랜 시간 공부하며 새로운 지식을 충분히 쌓아야 하기 때문이다. 백만장자는 그저 열심히 일할 뿐 아니라 소득을 창출할 자산을 구축하는 방법을 찾기 위해 열심히 공부했다. 수동적 소득이 발생하는 자산으로 순자산을 늘리는 것은 일종의 기술이고, 어떤 기술이든 능숙해지는 데는 시간이 걸린다.

순자산을 늘리려면 인내심, 지식, 지혜가 필요하다. 인내심을 가지고 경제와 자산에 대한 공부를 하며 지혜롭게 사고해야 한다. 지혜는 지식을 적용하는 능력이다. 수동적 소득과 순자산을 늘리는 법을 알고 있는 사람은 많지만 실제로 활용하는 이들은 많지 않다. 백만장자는 자신이 얻은 지식을 곧바로 활용한다. 또한 지식의 폭을 더욱 넓혀나간다. 보통 사람들은 있는지조차 모르는 지식과 투자 정보를 백만장자는 알고 있다.

수많은 백만장자가 수동적 소득을 얻기 위해 어디에 어떻게 투자했는지는 이 책의 주제와 거리가 있기 때문에 백만장자들이 어떻게 자산을 늘리기 시작했는지 대표적인 몇 가지 방법만 다뤄보도록 하겠다.

# 인내심, 지식, 지혜가 순자산을 늘리는 열쇠다.

# 소규모
# 비즈니스를
# 시작하라

Start
a Small Business

나는 누구나 작은 사업체 하나는 운영해야 한다고 생각한다. 지금 다니는 직장을 당장 그만두고 사업에 뛰어들라는 뜻이 아니다. 현재 하는 일을 유지하면서 파트타임으로나마 비즈니스를 시작해보라는 것이다.

한 가지 방법은 네트워크 마케팅이다. 자신만의 비즈니스를 하기에는 직접 판매 혹은 네트워크 세일즈가 좋은 시작점이 될 수 있다. 위험성이 낮은 반면 큰 보상을 기대할 수 있는 사업 분야다. 게다가 검증된 시스템이 갖춰져 있어 소속 사업자에게 꾸준히 지원해줄 수 있다. 1인 사업이지만 오롯이 혼자 싸워서 버텨야 하는 구조가 아니다.

네트워크 마케팅 일을 고려하고 있다면 다음 세 가지 사항을 명심하길 바란다.

1. 자신이 판매할 상품과 서비스에 대한 믿음이 있어야 한다.
2. 앞으로 만나게 될 고객을 편하게 대할 준비가 되어 있어야 한다.
3. 어떤 식으로든 자선 활동을 하는 기업을 선택하는 것이 좋다.

위의 세 가지 조건에 모두 부합한다면 성공적인 파트타임 비즈니스를 시작할 준비를 모두 마쳤다고 여겨도 좋다. 파트타임으로 네트워크 마케팅을 시작하거나 1인 사업을 시작할 때는 현재 하고 있는 본업보다 더 큰 돈을 벌겠다는 목표를 세워야 한다. 이 목표를 달성하면 월급 때문에 일하는 것이 아니라 정말 하고 싶어서 일하는 자유를 얻을 수 있다. 생각만 해도 근사하지 않은가?

사업을 시작할 때는 생활비를 기존과 비슷한 수준으로 유지해 사업으로 벌어들이는 돈은 오롯이 모아 추후 자산을 확보하는 데 투자하겠다는 생각으로 임해야 한다. 들어오는 돈이 많아지면 나가는 돈도 많아지기 마련이다. 나 또한 몇 년이나 그랬다. 가욋돈을 벌 때마다 좋은 차를 사거나 큰 집으로 이사하거나 하와이로 휴가를 떠났다. 내 경험에 비춰 말하건대 생활비 일체를 감당할 수 있을 만큼 수동적 소득을 발생시키는 자산을 구축하기 전까지는 월 지출을 비슷한 수준으로 유지하는 것이 현명하다.

백만장자에게는 한 가지 놀라운 지혜가 있다. 보통 사람들은 수입을 빚을 갚는 데 쓰지만 백만장자는 수입을 자산에 투자한다. 수동적 소득을 창출하는 자산에 투자하는 것이 바로 부를 축적하는 방법이다.

자신의 사업체를 운영하는 가장 큰 장점으로 세금 혜택을 꼽을 수 있다. 사업자는 월급쟁이와 달리 세금을 줄이는 방법을 다양하게 활용할 수 있다. 나는 세무사도 조세 전략가도 아니라 상세한 조언을 할 입장은 아니지만 사업주로서 마땅히 누릴 수 있는 세금 혜택이 무엇인지 꼼꼼하게 확인하고 배워야 한다.

자기 사업을 하면 세금을 내기 전에 자신이 번 돈을 지출할 수 있다. 월급을 받을 때는 세금을 공제한 후 얼마 남지 않은 돈 안에서 지출해야 한다. 백만장자는 돈을 벌고 필요한 지출을 한 후 세금을 낸다.

세금을 줄이고 싶은가? 그렇다면 소규모 사업을 시작하라. 사업체를 통해 세금 감면을 노릴 수 있을 뿐 아니라 잘 운용한다면 시간을 그다지 쏟지 않아도 되는 하나의 자산으로 키울 수 있다.

백만장자에게 자산이란 경제적 가치뿐만 아니라 수동적 소득을 발생시킨다는 조건도 충족해야 한다는 것을 다시 한 번 명심하길 바란다. 또한 수동적이란 당신이 아무것도

하지 않아도 된다는 뜻이 아니라 아주 약간의 관리만으로
도 소득이 발생한다는 개념이라는 것도 반드시 기억하길
바란다.

# 백만장자는 수입이 늘면
# 지출을 늘리지 않고
# 투자를 늘린다.

# 안정적인 투자라는
# 환상에서 벗어나라

There Is
No Such Thing
as a Risk
Free Investment

개인적인 경험으로는 부동산이야말로 가장 안전하고 좋은 투자처다. 거의 모든 백만장자가 부동산으로 수동적 소득을 벌고 있다. 서점에만 가도 부동산 투자에 대한 책이 가득하니 이 책에서는 자세히 언급하지 않을 생각이다. 다양한 책을 읽으며 부동산에 관해 충분한 지식을 갖춘 후 뛰어들기를 조언한다. 단언컨대 나의 경우 부동산 투자를 시작한 후부터 재정 상황이 눈에 띄게 달라졌다.

그렇다면 주식 투자는 어떨까? 대다수의 백만장자가 주식에 투자한다. '대다수'라고 굳이 덧붙인 이유는 몇몇은 부동산에만 국한해 투자하는 것으로 알고 있기 때문이다. 이와 대조적으로 주식에만 투자하는 사람들도 있다. 주식은 수동적 소득을 얻는 훌륭한 창구가 될 수 있다. 물론 충분한 지식이 없다면 주식 역시 상당히 위험하다.


1인 기업, 부동산, 주식 모두 나름의 위험이 있다. 그러나 관련 지식이 늘어날수록 위험 또한 크게 낮아진다. 다시 한 번 강조하지만 위험이 곧 기회이고 지식은 당신의 앞날을 밝혀줄 빛이다.

보통 사람들에게 재정적 안정이란 저축을 의미한다. 하

지만 백만장자의 생각은 다르다. 백만장자는 돈을 저축하지 않는다. 다만 꾸준히 황금알을 낳는 거위를 여러 마리 갖고 있을 뿐이다. 백만장자에게는 순자산이 황금알을 낳는 거위이며, 순자산에서 발생한 수동적 소득이 바로 황금알이다.

돈을 모아두어야 한다고 생각하는 사람들의 문제는 급할 때마다 모아둔 돈을 허물어 쓴다는 것이다. 백만장자는 황금알을 낳는 거위가 건강한지 항상 살핀다. 대부분의 사람들은 순자산을 살필 생각조차 하지 않는다.

수동적 소득을 내는 자산을 통해 순자산을 늘리려 노력한다면 완벽한 경제적 자유를 누릴 순간이 찾아올 것이다.

## ● 백만장자의 특별한 질문 ●

Q1. 현재 당신의 자산 중 수동적 소득을 발생시키는 순자산은 얼마나 되는가?

_____

_____

_____

_____

Q2. 소규모 비즈니스, 부동산, 주식 중에서 공부해봤거나 도전해봤던 것이 있는가? 그 과정과 결과를 적어보자.

_____

_____

_____

_____

Q3. 수동적 소득을 늘리기 위해 어떤 공부를 하면 좋을지 고민해보자.

_____

_____

_____

_____

# THE RICH

# 잠재력을
# 깨우는
# 질문을 하라

## DISTINCTION 1

백만장자는 자신의 잠재력을 높이는 질문을 하고
보통 사람은 자신의 잠재력을 저해하는 질문을 한다

백만장자와 보통 사람의 첫 번째 차이는 언뜻 보면 그리 중요하지 않아 보인다. 하지만 사실 굉장히 중요한 차이다.

스스로 잠재력을 일깨우는 질문을 하기 시작할 때 당신의 삶은 새로운 의미를 얻고 반드시 성공하게 되어 있다. 이는 널리 알려진 진리이자 성경 속 문구인 '구하라, 그리하면 얻을 것이다'라는 말과 일맥상통한다.

당신이 구한다면 반드시 답을 찾게 될 터이니 자기 자신에게 끊임없이 물어야 한다. 큰 뜻을 지닌 질문일수록 좋다. 명심할 것은 자신의 현재 상황을 뛰어넘는 질문을 해야 한다는 것이다. 성공을 위해 필요한 해답은 당신이 스스로에게 하는 질문 속에서 찾을 수 있다.

# 질문에는
# 답을 정하는
# 힘이 있다

Empowering
Questions

'올해 수입을 두 배로 높이는 방법은 무엇일까?'

'이번 달 고정 지출을 감당하려면 어떻게 해야 할까?'

이 중 어느 쪽이 당신의 잠재력을 더욱 확장시키는 질문인 것 같은가? 두 질문이 어떻게 다른지 알겠는가?

사실 소소한 질문이든 큰 목표를 겨냥한 질문이든 그에 대한 답을 생각하는 데 드는 에너지는 비슷하다. 그러므로 당신의 사고를 넓힐 수 있는 질문을 떠올려야 한다. 어떤 질문이든 당신이 스스로에게 묻기만 한다면 답은 찾을 수 있기 때문이다.

다른 예를 들어보겠다.

"내가 좋아하는 일을 하며 연수입 100만 달러를 벌 수 있는 방법은 무엇일까?"

"어떻게 해야 연봉을 높일 수 있을까?"

"지금 내 삶이 내게 어떤 교훈을 가르쳐주려는 걸까?"

"왜 내게는 매번 나쁜 일만 생기는 걸까?"

스스로에게
어떤 질문을
하느냐에 따라
삶에서 얻는
결과가 달라진다.

"배우자와 더욱 깊은 관계를 만들려면 어떻게 해야 할까?"

"결혼 생활은 왜 이렇게 힘들까?"


"아이들에게 나의 사랑을 어떻게 전할 수 있을까?"

"왜 아이들은 내게 고마워하지 않는 거지?"


"건강을 유지하기 위해 어떤 운동을 할까?"

"다이어트는 왜 이렇게 힘든 걸까?"


"최소 25퍼센트의 투자 수익률을 얻기 위해선 누구에게 물어봐야 할까?"

"돈을 모으는 게 왜 이렇게 어려울까?"


"마음의 평안을 얻기 위해선 어떻게 해야 할까?"

"왜 이렇게 매일 스트레스를 받는 거지?"


자, 이제 이해가 되는가? 바로 이런 차이다.

잠재력을 키우는 질문은 '내가 무엇을 할 수 있는가'를 묻는 것이고, 잠재력을 꺾는 질문은 '내가 무엇을 할 수 없는가'에 집중한 것이다. 또한 어떤 일에 대해 왜 이렇게 어렵고 힘든지 자문하는 것도 잠재력을 저해하는 질문이다.

# 질문은
# 감정마저
# 조절한다

Questions
Control the Way
You Feel

잠재력을 끌어올리는 질문은 우리의 기분을 좋게 하지만, 잠재력을 떨어뜨리는 질문은 우리의 기분을 상하게 한다. 따라서 잠재력을 높이는 질문을 통해 감정을 통제하는 것이 가능하다.

백만장자는 자신의 감정을 통제하는 데 뛰어나다. 습관적으로 자신의 잠재력을 개발시키는 질문을 하며 감정 조절법을 터득한 덕분이다. 자신의 잠재력을 깨우고 성장하는 방향으로 질문을 전환하는 습관을 들이면 내적으로 더욱 강하고 평온해질 수 있다. 이런 질문은 당신이 능력을 최대한으로 발휘하도록 돕는다.

자신의 잠재력을 충분히 펼치지 못하고 있다고 느낀다면 아마도 스스로에게 잘못된 질문을 던지고 있기 때문일 것이다. 별것 아닌 것 같지만 어떤 질문을 하느냐가 큰 차이를 불러온다.

백만장자는 자신을 부자로 만드는 질문을 하고 보통 사람은 삶을 빈곤하게 만드는 질문을 한다.

# 생각하는 법을
# 훈련하라

Conditioning
Your Mind

대부분의 사람들은 자신이 자주 떠올리는 질문에 대해 무지하거나 전혀 의식하지 않는다. 내가 사람들과 대화를 나눌 때마다 느끼는 점이다. 내가 어떤 질문을 하느냐에 따라 대화의 방향이 달라지고, 내가 이끄는 대로 상대방이 하는 생각의 흐름이 전환되는 것을 경험할 때마다 놀라곤 한다. 예전에는 잡다한 이야기나 남 말을 하기 좋아하는 사람들과 어울리기를 끔찍하게 싫어했다. 하지만 질문의 힘에 대해 깨달은 후 더는 이들과 대화하는 것이 전처럼 싫지 않았다. 이제는 몇 가지 질문만으로도 상대방에게서 좀 더 긍정적인 이야기를 끌어낼 수 있다는 것을 깨달았기 때문이다.

백만장자는 자기 자신에게 묻는 질문을 의도적으로 수정한다. 이를 통해 자신의 생각을 통제한다. 더 큰 성공을 성취하도록 자신의 사고방식을 끊임없이 훈련하는 것이다.

보통 사람들의 문제는 스스로 생각하지 않는다는 데 있다. 본인은 그렇지 않다고 하겠지만 사실 이들의 생각을 통제하는 것은 자신이 아니라 타인이다.

아홉 번째 연금술에서 이야기한 '백만장자는 아이디어를 이야기하고 보통 사람은 남에 대해 말하기를 좋아한다'에서도 드러나는 사실이나. 사람늘이 잡다한 주제나 남에 대해서 말하는 것이 바로 타인의 말과 행동에만 반응하고 있다는 방증이다. 반면 백만장자는 반응적이지 않고 창의적이다. 잠재력을 향상시키는 질문을 통해 이들은 자신의 의식을 통제한다.

잠재력을 자극하고 계발하는 질문을 스스로에게 던지는 것, 이것이야말로 성공을 불러오는 태도를 갖추는 데 가장 효과적인 방법이다. 누구나 자신만의 고착화된 사고방식이 있다. 하지만 백만장자는 의식적으로 자신의 사고방식을 단련한다. 자기 자신에게 던지는 질문을 달리한다면 스스로 생각하는 법을 깨우칠 수 있다. 성공하고 싶다면 자기 자신에게 하고 있는 질문을 면밀히 살피고 의식적으로 수정해야 한다.

내면의 목소리를
통제해야
삶을 통제할 수 있다.

# 잠재력을
# 키우는
# 아홉 가지 질문

Nine
Empowering
Questions

진정한 성공과 행복을 쟁취하기 위해서 반드시 거쳐야 하는 아홉 가지 질문이 있다. 이 질문을 통해 어떤 사람이 되고 싶은지, 무엇을 하고 싶은지, 무엇을 얻고 싶은지를 깨달을 수 있다.

각각의 질문에 충분한 시간을 들여 진실되게 답을 작성해보길 바란다. 어느덧 성공으로 향하는 길에 오른 자신을 발견할 수 있을 것이다.

1. 나는 어떤 사람이 되고 싶은가?

2. 그 이유는 무엇인가?

3. 내가 바라는 나의 모습을 어떻게 이룰 것인가?


4. 나는 무엇을 하고 싶은가?

5. 그 이유는 무엇인가?

6. 그 일을 하기 위해서는 어떻게 해야 하는가?


7. 나는 무엇을 얻고 싶은가?

8. 그 이유는 무엇인가?

9. 그것을 얻기 위해선 어떻게 해야 하는가?

아홉 가지 질문에 명확하게 답해야 한다. '명확함'이란 '구체적'인 것을 의미한다. 답이 구체적일수록 좋다.

명확함에는 강력한 힘이 있다. 백만장자는 자신이 무엇을 원하는지 정확하게 알고 있다. 거기에 자신이 왜 그것을 원하는지도 알고 있다. 무엇을 왜 원하는지 깨달았기 때문에 그것을 얻는 방법도 찾을 수 있다. 보통 사람들이 백만장자가 되지 못하는 이유는 가슴 떨리는 무엇도, 잠재력을 발휘할 만한 이유도 갖고 있지 않기 때문이다.

어떤 사람이 되고 싶은가, 무엇을 하고 싶은가, 무엇을 얻고 싶은가, 이 세 질문 다음에 오는 이유를 묻는 질문에 답하는 과정에서 자신이 꿈꾸는 모습이 아니라 타인이 바라는 사람이 되고 싶어 했다는 것을 깨달을 수도 있다. 혹은 자신이 원하지 않지만 타인의 바람에 따라 어떤 일을 하거나, 타인의 의견을 듣고 무언가를 얻고 싶어 한다는 것을 깨달을 수도 있다.

자신이 정한 목표나 기준이 아니라 타인의 기대에 맞춘 삶은 당신을 옭아맨다. 지금이라도 자신이 진정으로 어떤 사람이 되고 싶은지, 어떤 일을 하고 싶고, 무엇을 성취하고 싶은지 진지하게 고민하고 깨달아야 한다.

아홉 가지 질문의 순서를 지금처럼 '어떤 사람이 되고 싶고, 무엇을 하고 싶고, 무엇을 얻고 싶은지'의 순으로 지켜야 한다. 현재의 당신이 아니라 당신이 되고 싶은 사람의 관점에서 어떤 일을 하고 싶고, 무엇을 얻고 싶은지 생각하고 결정해야 한다.

이를 역순으로 생각하는 사람들이 많다. 이들은 자신이 무엇을 가졌느냐에 따라 자신이 하는 일이 달라진다고 믿는다. 그리고 자신이 무슨 일을 하느냐에 따라 어떤 사람이 될 수 있는지 정해진다고 생각한다. 이런 식으로 삶에 접근하면 큰 혼란이 찾아온다.

내가 무엇을 가졌느냐가 아니라 내가 어떤 사람인지에 따라 내가 하는 일과 소유하게 될 것들이 달라진다.

우리는 '내 삶의 의미는 무엇인가?'보다 '내 삶을 더욱 의미 있게 만드는 것은 무엇인가?'라고 물어야 한다. 후자가 잠재력을 폭발시키는 질문이다. 내 삶을 더욱 의미 있게 만드는 것이 무엇인지 깨달을 때 삶의 의미 또한 찾을 수 있다.

성공이란 우리의 목적지이자 여정이기도 하다. 그러므로 우리는 인생의 의미를 목표의 달성 여부가 아닌 '성공적으로 사는' 것에서 찾아야 한다.

어떤 사람이 되어가고 있느냐는 질문은 내면의 잠재력을 깨우는 데 가장 효과적인 질문이다. 수천 년 동안 인간은 '나는 누구인가?'라는 질문에 끊임없이 고뇌하고 매달렸다. 이제는 '나는 어떤 사람이 되어가고 있는가?'라는 질문을 스스로에게 하고 답을 해봐야 할 때다.

이 질문에 대한 답이 마음에 들지 않거나 만족스럽지 않다면 '나는 어떤 사람이 되고 싶은가?'라는 질문에 답해보자. 다시 한 번 강조하지만 어떤 질문을 하느냐가 엄청난 차이를 불러온다.

자신이 꿈꾸는 이상에 가까워지기 위해서는 수단과 방법을 가리지 않고 노력해야 한다. 백만장자는 통장 잔고만으로 만들어지지 않는다. 백만장자가 된다는 것은 경제적으로나 정서적으로 새로운 사람이 되어 자신이 하고 싶은 일에 에너지를 쏟으며, 그 결과 원하는 목표를 성취하는 과정이다.

## ● 백만장자의 특별한 질문 ●

Q1. 스스로에게 자주하는 질문을 적어보고 이를 잠재력을 깨우는 질문
으로 바꾸어보자.

_____

_____

_____

_____

Q2. 당신의 삶을 더욱 의미 있게 만드는 것은 무엇인가?

_____

_____

_____

_____

Q3. 당신은 어떤 사람이 되어가고 있는가?

_____

_____

_____

_____

# 마지막 페이지에 도착한
# 당신에게

경제적으로 자유로운 삶을 향해 무사히 한 발 내디딘 것을 축하한다. 하지만 지금부터가 중요하다. 다음 세 가지를 꼭 실천하길 바란다.

첫째, 이 책을 반복해서 읽어라. 전 세계 1퍼센트 백만장자의 열 가지 연금술을 완벽히 체득할 때까지 몇 번이고 반복해 읽기를 추천한다. 반복은 사고를 전환하는 데 가장 효과적인 방법이다. 매일 아무런 의심 없이 무의식적으로 해왔던 익숙함을 버리고 다르게 생각할 때 행동이 달라지고 이전에는 경험하지 못한 다른 성과를 얻을 수 있다.

둘째, 당신만의 커뮤니티를 만들어라. 이 책을 주변 사람들과 공유하고 이 책에 소개된 법칙에 대해 함께 논의하고 서로의 경험과 생각에서 배울 점을 찾아라. 머리말에서 밝혔듯 인간이라면 누구나 살아가면서 발견한 '좋은 결과를 이끌어내는 비법'을 공유해야 할 책임이 있다고 생각한다. 내가 배운 부의 법칙과 생각을 이 책을 통해 많은 이들과 나누었듯이 당신도 그렇게 하길 바란다. 서로 격려하고 함께 나눌 때 더 빨리, 더 큰 결과를 얻을 수 있다.

셋째, 배움을 확장하라. 성공과 행복을 얻기 위해 태도를 꾸준히 개발하는 데에는 혼자만의 노력보다 자신보다 더 나은 사람의 조언을 받아들이고 그가 걸어간 길을 함께 걸어가는 게 가장 빠른 길이다. 도움이 될 만한 전문가를 찾아 강연을 듣거나 유튜브를 이용하라. 워크샵이나 세미나를 통해서 더욱 깊이 있는 정보도 얻을 수 있다.

**THE RICH**